Amrum erzählt

Fotonachweise:
Archiv Georg Quedens, Archiv Jens Quedens, von Privat

Titelfotos:
Gerret Peters Mina Quedens Max Lassen Jan Knudten Victor Quedens

Im Ring: Conrad Matzen

Rückseite: Die alten Fahrensmänner Hinrich Ricklefs und Ernst Peters im Seezeichenhafen

Auf dem Fuhrwerk: Boy H. Peters

ISBN 978-3-943307-24-5
Überarbeitete und erweiterte Neufassung, 2. Auflage 2023

Satz: Jens Quedens
Layout, Titelgestaltung: Leif Quedens
Druck und Verarbeitung: Husum Druck- und Verlagsgesellschaft

Georg Quedens

Amrum erzählt

Sagen, Geschichten, Düntjes und wahre Begebenheiten

Verlag Jens Quedens
Insel Amrum

Inhalt

Martin (Macke) Peters beim Halmreepen drehen (riaper tren)

Einleitung

Sagen, Geschichten und Anekdoten von Amrum sollen nicht in Vergessenheit geraten. Darum ist dieses kleine Buch entstanden. Vor mehr als hundert Jahren ließ Christian Johansen in seinem Buch „Die nordfriesische Sprache nach der Föhringer und Amrumer Mundart“ den alten Besenbinder Jens Drefsen die Amrumer Sagen erzählen. Was heute nicht aufgeschrieben und erneuert wird, ist bald verloren.

Der Faden mündlicher Überlieferung von Generation zu Generation ist gerissen. Früher hatten die Insulaner im Winter wenig zu tun. Sie kamen oft zusammen, um zu „klönen“ oder „Hualewjonken“ zu halten, wie man die gemütlichen Zusammenkünfte bei Teepunsch oder Grog nannte.

Die mündliche Überlieferung erhielt dadurch immer wieder neues Leben. Die Sagen stammen aus altersgrauer Zeit von einer abergläubischen Bevölkerung, die für geheimnisvolle Naturereignisse und Lebensläufe eine Erklärung suchte. Die Geschichten und Anekdoten dagegen berichten von tatsächlichen Ereignissen, die von der Phantasie des Erzählers ausgeschmückt wurden, ohne ihren wahren Kern zu verlieren.

Zusammen sind sie ein Spiegelbild des Insellebens. Kurze Erklärungen sollen Sagen und Erzählungen mit ihrer Zeit, ihren Stätten und Menschen verbinden.

Eine Auswahl der Beiträge in diesem Buch wurden erstmals veröffentlicht in den Büchern „Amrum erzählt“ und „Amrumer Geschichten - Öömrang staken“ von Georg Quedens. Sie wurden ergänzt durch Beiträge von Jens Quedens.

Die obigen Bücher erschienen 1966 bzw. 1979. Doch in der Nachfolgezeit hat der Verfasser den alten Amrumern unverändert Geschichten, Anekdoten und sogenannte Döntjes abgelauscht und aufgeschrieben.

Heute ist von den Alten und Originalen niemand mehr am Leben. Der Faden des Erzählens ist gerissen und durch die moderne Unterhaltungs- und Kommunikations-Industrie verdrängt.

Wie der Inselname Amrum entstand

Orts- und Flurnamenforscher grübeln bis heute über die Herkunft der Inselnamen Föhr und Sylt und sind mit verschiedenen Deutungen präsent. Die Namen sind friesischen Ursprungs und das heißt, sie können erst mit der Einwanderung von Friesen aus dem Raum zwischen Rhein und Weser im 7./8. Jahrhundert entstanden sein. Nur der Inselname Amrum hat eine hinreichende Erklärung gefunden. Auf friesisch heißt die Insel „Oomram“ und das soll „Sandiger Rand“ bedeuten, eine hohe sandige Küste einer saaleeiszeitlichen Altmoräne als Abgrenzung einer früheren größeren Landfläche, die noch mit dem Festland Verbindung hatte. Erstmalig wird Amrum als „Ambrum“ im Erdbuch des dänischen Königs Waldemar um Anno 1230 genannt. Amrum gehörte von der Wikingerzeit bis zum Jahre 1864 zusammen mit dem westlichen Teil von Föhr (Westerland) unmittelbar zum Königreich Dänemark.

Eine Namensdeutung ganz anderer Art gelang dann um 1900 einem Inselgast beim verbotenen Buddeln in einem Hünengrab. Er schrieb seine Erkenntnis in Form eines Gedichtes in das Gästebuch der Gaststätte „Lustiger Seehund“ auf Steenodde:

Wie Amrums Name entstand

Es sprach der König Christian:
„Am Rum werd ich einst sterben,
das Fass mit diesem edlen Saft
lass nimmer ich den Erben.“
So soff er denn so manches Jahr,
bis er zu Ende getrunken.
Dann legt er sich ins Hünengrab,
das jetzt halb eingesunken.
Sein letztes Wort, das er einst sprach:
„Mein letztes Glas erheb ich,
wohl auf dein Wohl und auf dein Glück,
Am-Rum, Am-Rum, dein lebt ich!

Der Nöck und die Entstehung der Dünen

Im Westen der Insel, hinter Kiefernwald und Heide, liegen die Dünen. Sie sind vom Wind aufgetürmt, ein Wechsel von aufgesandeten Wanderdünen und ausgewehten Tälern. Auf ihrem Grund sind die Spuren alter Kulturen freigeweht worden, aus einer Zeit, in der es noch keine Dünen gab.

Eingebettet zwischen hohen Dünenketten liegen Heidetäler und Heidemoore, in denen im Frühling das Wollgras weht und im Herbst der Brachvogel nach Beeren sucht. Wie diese wundersame Landschaft entstanden ist, hat Jens Drefsen, der alte Besenbinder und Reependreher aus Norddorf, erzählt.

Die Amrumer fanden im Jahre 1200 einen toten Mann am Strande, der eine seltsame Walrosshaut hatte und mit Seegras und

Die Sandstürme türmen Dünen auf

Tang bewachsen war. Sie beschlossen, die Leiche auf ihrem Friedhof neben der St.-Clemens-Kirche zu begraben, holten Sarg und Fuhrwerk und beerdigten den Toten, noch ehe die Sonne untergegangen war.

In der Nacht aber erhob sich ein furchtbarer Sturm. Gewaltige Sandmassen türmten sich auf dem Strand und begannen, vom unablässigen Wind getrieben, über das Kliff und die Heide zu wandern. So wehte es Tag um Tag und Woche um Woche, und die Sandberge rückten immer näher auf die Dörfer und Weiden zu und wanderten über das westlich liegende Ackerland. Vergeblich versuchten die Insulaner, die Sandmassen zu bändigen.

Endlich gab ein alter Mann, der als Spökenkieker bekannt war, den Rat, man solle einmal die Strandleiche ausgraben, die nun seit Ausbruch des Sturmes unter der Erde liege. Wenn der Tote an seinen Daumen lutsche, so sei er ein Wassermann, ein Nöck, den das Meer mit Gewalt zurückholen wolle.

Jeder gab dem klugen Mann recht. Sie machten Grab und Sarg auf und sahen, dass der Tote tatsächlich an seinen beiden Daumen lutschte. Da legten sie ihn auf einen Wagen, dem zwei Ochsen vorgespannt waren. Die Ochsen rannten wie wild mit dem Toten hinaus ans Meer. Da war es auch auf einmal vorbei mit der Wasser- und Sandflut. Aber die Dünen, die der Sturm zusammengeweht hatte, blieben stehen und stehen noch heute da.

Die Unterirdischen - A onerbäänkin

Die Überfahrt

Die „Unterirdischen“ (friesisch: onerbäänkin) sind ein Zwergenvolk, das lange Zeit in den Häusern der Sylter Friesen gewohnt hat. Als gute Hausgeister, die manche Arbeit in aller Heimlichkeit erledigten, waren sie dort anfangs wohl gelitten. Kaum jemand hat sie aber zu Gesicht bekommen, denn die Pukleute, wie man sie auch nannte, hatten Tarnkappen und konnten sich unsichtbar machen, weshalb sie manchen Schabernack trieben.

Endlich kam es zwischen den Sylter Friesen und den Unterirdischen zum Streit, so dass die Zwerge beschlossen, Sylt zu verlassen und nach Amrum überzusetzen. Sie brauchten dazu die Hilfe eines Fährmannes, der in einer alten, verfallenen Kate auf

Hörnum wohnte. In einer stürmischen Nacht weckten sie ihn. Der Schiffer konnte zwar nichts sehen, vernahm aber die Stimme eines Unterirdischen, der ihn aufforderte, sein Volk nach Amrum zu bringen. Die Wolken flogen, nur ab und zu fand der Mond eine Lücke und warf sein gespenstisches Licht auf die weißen Dünen von Hörnum.

Dem Schiffer ward unheimlich, und er lehnte die Überfahrt bei diesem Wetter ab. Aber die unsichtbare Stimme drängte und versprach: „Fahr nur, mit uns sinkt dein Boot nicht!“ Und als der Schiffer fragte, wie viele Unterirdische es seien, antwortete die Stimme, dass er für jeden eine Münze bekommen sollte.

Schließlich willigte der Schiffer ein. Dreimal huschte und polterte es in den Kahn, dreimal musste der Schiffer nach Amrum segeln. Jedesmal verschwanden die Unterirdischen wortlos in die Nacht, und der Schiffer fuhr im Morgengrauen mürrisch zurück, weil er glaubte, dass die Zwerge ihn um seinen Lohn geprellt hätten.

Aber als er in seine Hütte trat und den Hut abnahm, war dieser plötzlich mit Goldmünzen gefüllt. Es reichte für das ganze Leben des Fährmannes. Er schüttete die Münzen auf den Tisch, zählte nach und staunte, wie viele Unterirdische es auf Sylt gegeben hatte. Der Fährmann war froh, dass er die Überfahrt gewagt hatte und dafür so reich belohnt wurde, dass er fortan ein sorgenfreies Leben führen konnte.

Es brennt, es brennt

Als die Unterirdischen von Sylt und Föhr nach Amrum eingewandert waren, wohnten sie in den Hügelgräbern, die aus der Bronzezeit stammten und überall auf dem Feld und auf der Heide von Amrum lagen.

Im „Föögashuuch“ (dem Vogtshügel) an der Dünenkante südwestlich von Norddorf wohnte ein reicher Zwerg. Die Kunde von den Schätzen, die dort verborgen lagen, verlockte manchen Insulaner zur Schatzgräberei. Eines Tages machte sich Nommen Andersen mit Spaten und Hacke auf den Weg.

Bronzezeitlicher Grabhügel auf der hohen Geest

Bald hatte er ein tiefes Loch gegraben und stieß auf einen Stein. Gerade als er glaubte, den Kellereingang der Unterirdischen gefunden zu haben, hörte er von allen Seiten aufgeregtes Geschrei: „Es brennt, es brennt!" Nommen sah sich um und sah zu seinem Entsetzen, dass sein eigenes Haus brannte. Er ließ Hacke und Spaten fallen und rannte zum Dorf. „Löscht das Feuer! Helft doch!" rief er seinen Nachbarn zu, die verwundert dem rasenden Mann hinterher schauten.

Als Nommen schweißgebadet vor seinem Haus stand, sah er, dass er einem Trugbild zum Opfer gefallen war. Das Haus stand wohlbehalten da. Seitdem hat niemand mehr in den Hügelgräbern nach Schätzen gegraben, aber hier und da sieht man noch die Spuren früherer Goldgräber.

Die doppelten Babys

In der Zeit der Heuernte musste Matje auf ihrem kleinen Stück Land außerhalb des Dorfes dringend das Heu zum Trocknen wenden und hatte ihr neugeborenes Kind mitgenommen und am Wiesenrand in einem Korb abgelegt. Ihr Mann fuhr zur See und andere Hilfe war gerade nicht zu bekommen.

Immer wieder schaute sie nach dem Kind. So auch, als sie mit ihrer Arbeit am Ende der Wiese angekommen war. Aber was sie da sah, jagte ihr einen ordentlichen Schrecken ein. Ihr wurde schwindelig vor Augen. Das Kind war nicht weg oder krank oder gar tot. Nein! Es lagen zwei kleine Mädchen in dem Korb, die nicht nur völlig gleich aussahen, sondern auch noch gleich gekleidet waren. Beide lächelten der Frau zu.

Matje war verzweifelt. Sie wusste sofort, dass eines der beiden Kinder ein Unterirdischer, ein „onerbäänke“ war, aber sie waren nicht zu unterscheiden. Was für ein Spiel! Ihr blieb nichts weiter übrig, als beide Kinder mit ins Dorf zu sich nach Hause mitzunehmen. Wie sollte sie es zukünftig schaffen, auf beide Kinder aufzupassen und sie zu ernähren?

Matje ging zu einer alten Frau im Dorf und fragte um Rat. Sie hieß Krassen, war fast hundert Jahre alt und hatte in ihrem langen Leben viel durchgemacht. „Kannst du mir sagen, welches von beiden mein Kind ist, und welches das onerbäänke?“

Natürlich konnte auch Krassen die Kinder nicht unterscheiden, aber sie wusste einen Rat, den sie Matje leise ins Ohr flüsterte. Matje sollte die Wohnstube in Anwesenheit der Kinder ausfegen und dabei den Besen über Kopf halten, die Haare nach oben und mit dem Stiel fegen.

Matje lief nach Hause, legte die beiden Mädchen in die Wiege, holte den Besen und fing an wie wild, mit dem Besenstiel auf dem Fußboden umher zu fegen. Dabei hielt sie den Besen über Kopf. Da rief eines der Mädchen aus der Wiege: „Ich bin jetzt schon so alt wie die Welt, jedoch habe ich noch niemals Jemanden so fegen gesehen!“

Matje warf den Besen in die Ecke, schnappte sich das „onerbäänke“ aus der Wiege und beförderte es zur Haustür hinaus. Fortan gab sie noch mehr Acht auf ihre Tochter.

Der verschworene Weg - A ferswäären wai

Im Mittelalter wohnte auf dem Burghügel (Borag) bei Norddorf ein skrupelloser Ritter. Die Pest war über das Land gegangen und hatte viele Opfer gefordert. Zahlreiche Waisen waren zurückgeblieben, die nun in die Rechte ihrer Eltern eintreten wollten. Da plante der Ritter von Borag einen bösen Streich. Frech behauptete

Der „verschworene Weg" südlich von Norddorf

er, dass die Ländereien nun die Seinen wären. Die Verstorbenen hätten ihm ihr Land noch zu Lebzeiten als Erbe vermacht. Er fand genug Leute, die gegen ein Bestechungsgeld bereit waren, diese Behauptung zu beschwören. Als aber diese Unwürdigen zusammentraten und ihre Schwurhand erhoben, da krachte ein Donner, und ein Blitz fuhr herab und verbrannte im meterweiten Umkreis alles Gras.

Der Ritter von Borag musste fliehen, die Meineidigen aber wanderten aus Norddorf aus und gingen über die Heide zu einem Ort, der heute im Meer versunken ist. Auf dem Weg, den sie gingen, liegt seitdem ein Fluch. Auch heute noch, Jahrhunderte nach dem falschen Schwur, gedeiht dort nur kümmerliches, hartes Gras. Seit dieser Zeit heißt der Weg der „verschworene" Weg - „a ferswäären wai".

Das Riesenschiff „Managfual"

Unsere Vorfahren in alter Zeit wussten viel von dem Riesenschiff „Managfual" (Vielfalt) zu erzählen. Das Schiff war so übermäßig groß, dass der Alte (Kapitän) mit einem Pferd zum Kommandieren auf dem Deck umherritt. Der Alte war allgegenwärtig und die Besatzung war nicht einen Augenblick vor ihm sicher. Wenn irgendetwas unklar war, war der Kapitän augenblicklich mit seinem weißen Pferd zur Stelle, und alles, was er nicht gewahr wurde, das bemerkte einer von den beiden Raben, die auf seinen Schultern saßen, und teilte es ihm mit.

An Bord der „Managfual" war viel zu tun, und die Matrosen, die als junge Männer aufenterten in die Takelage, kamen als grauhaarige, bärtige Männer wieder herunter. Die Blöcke im Tauwerk waren so groß, dass im Inneren Wirtsstuben untergebracht waren, die von den Matrosen zum Essen und Schlafen aufgesucht wurden.

Die „Managfual" steuerte einmal aus der Biskaya (Spaans Sia) in den Englischen Kanal hinein, aber sie konnte die Meerenge zwischen Dover und Calais nicht passieren, weil das Fahrwasser nicht breit genug war.

Der Alte beriet sich mit seinen Raben und beschloss, die Backbordseite mit weißer Seife zu labsalben (bestreichen). Er kommandierte: „Alle Mann", und bald war das Schiff eingeseift. Der Versuch glückte und die „Managfual" lief in die Nordsee ein. Der weiße Schaum aber blieb an den Klippen von Dover haften, fraß sich ins Gestein und färbte die Klippen bis heute weiß.

Das Schiff steuerte nach Nordost Richtung Skagerrak, aber geriet auf der Nordsee in einen fürchterlichen Sturm. Dabei lief die „Managfual" mit solcher Wucht auf eine Sandbank, dass sie zu beiden Seite große Sandwälle aufschob. Von der Brandung wurde das Schiff hin und her geworfen, wodurch sich immer mehr Sandwälle auftürmten, die von der See weggespült wurden.

Um wieder frei zu kommen, gab der Kapitän den Befehl die Asche aus den Öfen über Bord zu werfen, um das Schiff zu leichtern. So kam die „Managfual“ wieder frei und konnte die Reise fortsetzen. Die aufgewühlten Sandwälle liegen aber jetzt als Sandbänke vor Amrum, und aus der Asche, die über Bord geworfen wurde, entstanden die Nordfriesischen Inseln und Halligen.

Wiedergänger - Gunger

Früher herrschten Aberglaube und Wahrsagerei auf der Insel. Spökenkieker und Propheten, die einfache Dinge des alltäglichen Lebens mit dunkler Ankündigung deuteten, den Tod voraussahen oder Begegnungen mit Verstorbenen hatten, hat es auch in jüngster Vergangenheit noch gegeben.

Die Wiederkehr von Ertrunkenen gehörte zu den häufigsten „Gesichtern“. Oft klopften die „Gunger“ nachts an die Tür oder erschienen, vom Wasser triefend, ihrer Braut, Frau oder Mutter an der Schlafstatt. Am nächsten Morgen lag dann eine Wasserpfütze auf der Diele, und die Familie wusste nun, dass der Betreffende in derselben Nacht verunglückt war. Ein ertrunkener Seemann erschien bei der Hochzeit seiner Witwe, die das Trauerjahr nicht abgewartet hatte, und verscheuchte die Hochzeitsgesellschaft.

Hark Olufs

„Hier liegt der große Kriegsheld, ruht sanft auf Amrums Christenfeld“ - so steht es auf dem Grabstein des legendären Hark Olufs, „so daselbst geboren auf Amrum Anno 1708 den 19. July.“

Nur 16 Jahre alt, wurde Hark Olufs von türkischen Seeräubern auf dem Schiff seines Vaters gefangengenommen und als Sklave an den Bey von Constantine verkauft.

Nachdem er ihm elf Jahre als Casnadaje (Schatzmeister) gedient und als Befehlshaber der berittenen Streitkräfte manchen Kampf zu Gunsten seines Herrn entschieden hatte, wurde ihm am 31. Oktober 1735 die Freiheit geschenkt. Als wohlhabender Mann kehrte er nach Amrum zurück und übte auf seiner Heimatinsel manches hohe Amt aus, ehe er 1754 im Alter von 46 Jahren starb.

Grabsteingiebel auf Hark Olufs Grabstele

Hark Olufs hinterließ seine Frau Antje, geborene Harken, und fünf Kinder.

Nach seinem Tode ließ die Sage ihn noch einmal wiederkehren. Im Totengewand wanderte er jede Nacht auf „Huuchstian“ zwischen Nebel und Süddorf, wo er gewohnt hatte, umher und zeigte sich nächtlichen Passanten. Lange Zeit wagte niemand, den Wiedergänger zu fragen, was seine Ruhe störe, bis eines Tages Boy Erkens des Weges kam. Er hatte in einer Gastwirtschaft in Nebel einige Schnäpse zu sich genommen und sich in guter Stimmung auf den Heimweg nach Süddorf gemacht. Kurz vor dem

„Krümwaal", wo der Weg über das Feld zu den Hügelgräbern geht, traf Boy mit dem Wiedergänger zusammen und fragte in seinem Übermut, was er begehre. Da antwortete der Geist, dass unter der Türschwelle seines Hauses ein Schatz vergraben liege, den er aus dem Türkenlande mitgebracht habe. Durch seinen frühen und plötzlichen Tod (Hark Olufs saß am Sonntag, dem 13. Oktober 1754, tot im Lehnstuhl, als die Familie vom Kirchgang zurückkehrte) sei es nicht möglich gewesen, seiner Familie von diesem Schatz zu berichten. Darüber finde er nun keine Ruhe.

Der Schatz, ein Horn mit Gold- und Silbermünzen, wurde tatsächlich unter der Türschwelle entdeckt, der Wiedergänger aber seit dieser Zeit nicht mehr gesehen.

Hark Olufs Haus steht noch heute in Süddorf. Es ist ein stattliches Gewese, bewohnt von der Familie Martinen, die aber nicht zu den Nachkommen von Hark Olufs zählt. Neben dem Grabstein von Hark Olufs auf dem Friedhof von Nebel steht der Stein seiner Frau Antje, der seines Vetters Hark Nickelsen und der seines Vaters Oluf Jensen, der zwölf Jahre lang fast täglich eine hohe Düne in der Nähe von „Wriakhörn" bestieg, um nach seinem Sohn Ausschau zu halten. Sie heißt noch heute die Olufsdüne.

Vorahnung - Föörgungen

Ein Amrumer Schiffer wollte mit seinem Frachtschiff nach Holland segeln und rüstete sich zusammen mit seinen beiden Söhnen zur Reise. Der jüngste Sohn wurde am Morgen vor der Abfahrt jedoch von einer bösen Ahnung erfasst und und bat, zu Hause bleiben zu dürfen. Aber der Vater befahl, dass er mitfahren solle.

Als sie nun über das Steingeröll von „Bosk" am Wattufer bei Nebel zum Schiff nach Steenodde wanderten, blieb der Junge plötzlich stehen und sagte zu seiner Mutter: „Wenn ihr wieder einmal über diese Steine geht, dann denkt an mich." Dann fuhr der Vater mit den Söhnen ab.

Aber noch in der gleichen Nacht verunglückte das Schiff auf der Nordsee. Die Schwester, die bei ihrem jüngsten Bruder im Hause wohnte, fand am Morgen, als sie erwachte, auf ihrem weißen Nachthemd drei Tropfen Blut und fühlte, dass Vater und Brüder umgekommen waren.

Die meisten Vorahnungen standen in Zusammenhang mit der Seefahrt und dem Seemannstod. Jahrelang waren die Männer von zu Hause fort, und die Einsamkeit in den Häusern und Familien, die langen, dunklen Wintertage und die unheimlich über die Insel brausenden Unwetter förderten das „zweite Gesicht“, an das auch viele glaubten.

Besonders oft meinten die Insulaner „Gunger“ zu sehen, Gestalten ertrunkener Seeleute, die in der Stunde ihres Todes wassertriefend an den Betten ihrer Verwandten erschienen und, eine Wasserlache hinterlassend, wieder verschwanden.

Als im Jahre 1902 die Bremer Bark „Kyandra“ spurlos im Nordatlantik unterging, erschien dem sonst nicht abergläubischen Vater eines Matrosen dessen Gestalt als „Gunger“.

Ein Jahr vorher schon hatte sich beim Tode eines anderen Sohnes ein seltsamer Vorfall ereignet, als dieser mit seinem Schiff von Stolpermühle aus in die Ostsee fahren wollte, aber sein Hund nicht an Bord kam. Immer wieder entwich das Tier, sodass der Schoner schließlich ohne Hund abfuhr. Noch in der gleichen Nacht ging das Schiff mit Mann und Maus unter, während der Hund heulend auf der Mole von Stolpermühle stand.

Als im Jahre 1903 drei junge Männer von Amrum, die nach Hörnum zum Strandholzsammeln ausgefahren waren, in einer Hagelbö nahe der Odde kenterten und ertranken, hatte die Schwester des einen eine Woche zuvor ein seltsames Erlebnis. Abends gewahrte sie vor der Tür eine Schar dunkel gekleideter Gestalten, die sich um einen Sarg versammelten. Beim Eintreten in das Haus war das Bild plötzlich verschwunden. Es wiederholte sich aber dann in Wirklichkeit, als später die Leichen der Ertrunkenen geborgen waren und deren Beerdigung erfolgte.

Die spanische Schatzkiste - Jü spaans gulkast

Es war im März des Jahres 1617. Seit Tagen raste ein schwerer Sturm über die Nordsee, und wie so oft bei solchem Wetter wurde durch Strandgänger im Morgengrauen ein Strandungsfall entdeckt. Das Schiff, eine Dreimastbark, lag mit zerschmetterten Masten in der Brandung vor „Noorder Kniip". Zehn Leichen, einige davon in kostbarer Kleidung, trieben im Laufe des Tages an. Als sich der Sturm nach zwei Tagen legte und die Amrumer mit ihren Booten zum Wrack kamen, entdeckten sie halb verhungerte, verfrorene Männer hinter einer zerstörten Kajütenwand - Überlebende des gestrandeten Schiffes. Sie wurden unverzüglich an Land gebracht und versorgt, sodass sie sich bald erholten.

Das Schiff des Namens „Santa Lucia" gehörte einem reichen spanischen Kaufmann. Er war mit wertvoller Ladung von Peru nach Hamburg unterwegs, wo sein Sohn die Tochter eines Großreeders heiraten wollte. Aus den wenigen verständlichen Worten und Gesten verstanden die Amrumer, dass der Kaufmann mit seinem Sohn und einem Teil der Besatzung versucht habe, mit einem ausgesetzten Boot an Land zu kommen, jedoch in der Brandung gekentert sei. Eine Kiste mit Gold und Schmucksachen als Geschenk für die Braut in Hamburg sei im Boot gewesen und ebenfalls verloren gegangen.

Die Amrumer suchten und fischten bis weit in den Sommer hinein vor der Sandbank und um das Wrack herum nach dem Schatz, ohne jedoch die Goldkiste zu finden. Schließlich wurde die Suche aufgegeben.

Jahrzehnte später lebte in Norddorf die Witwe Tutje Rauerts. Ihr Mann war auf See umgekommen. Einer ihrer Söhne namens Gerret war schwachsinnig und musste wie ein kleines Kind gepflegt werden. Der jüngere Sohn dagegen war außergewöhnlich begabt und wollte nach der Konfirmation auch zur See fahren. Das hatte die Mutter jedoch verboten, und Iark, wie der jüngere Sohn hieß, kam zu einem Schuster in die Lehre. Der Schusterschemel war kein Ersatz für das Fernweh des jungen Iark Rauerts, der bei seiner Arbeit oft in Gedanken in den Rahen eines Vollschiffes kletterte und Weltmeere und fremde Länder, wie er sie aus den Erzählungen der Seeleute kannte, in seiner Phantasie erlebte.

Zuletzt hatte er sich ein kleines Boot gekauft und nutzte jede Gelegenheit zum Fischen und Segeln und sich wie ein Seemann zu fühlen. Eines Sommertages fuhr er zu einer Sandbank vor dem Kniep und ging vor Anker. Iark hatte kürzlich einen Priel entdeckt, in dem zur Ebbezeit zahlreiche Schollen und Butt im Sande lagen. Auch diesmal nahm er wieder seinen Bruder Gerret mit.

Iark watete, die Schollenprigge vor sich her stechend, langsam durch den Priel und hob dann und wann einen aufgespießten Plattfisch aus dem Wasser. Währenddessen hockte Gerret am Ufer und ließ bei jedem gefangenen Fisch kindliches Gelächter hören. Aber bald verlor er die Lust, seinem Bruder zuzusehen, und schlenderte am Rande der Sandbank entlang. Das war Iark nur recht, denn nun, wo er allein war, konnte er sich wieder ungestört seinen Träumereien hingeben, die ihn über das Meer in die Ferne trugen, diesmal nach Peru zu den Inkas.

Gerret war am Ende der Sandbank angelangt und wollte gerade über eine schmale Wasserrinne springen, als er eine Entdeckung machte: eine Kiste, die am Rande des Tiefs zu drei viertel im Sand lag und nur wenig aus dem Wasser ragte. Gerret verfügte über eine unbändige Körperkraft. Mühelos brach er das verrostete Schloss auf und öffnete den kupferbeschlagenen Deckel. Welch ein Fund! Es glitzerte und blinkte. Gerret jauchzte und griff mit beiden Händen in die Kiste. Gold- und Schmuckstücke wogen schwer in seiner Hand. Zunächst warf er alles auf das Ufer der Sandbank und legte Muster und Schnörkel in den Sand. Bald war er dieses Spieles überdrüssig und begann nun, die Gold- und Schmuckstücke mit kindlicher Freude in das tiefe Wasser des nahen Stromes zu werfen.

Iark war noch beim Schollenstechen und mit seinen Gedanken in Peru. Gerade hatte er dort den König der Inkas gefangengenommen und gegen ein hohes Lösegeld wieder herausgegeben.

Das steigende Wasser der zurückkehrenden Flut weckte ihn aus seinen Träumereien. Er watete zum Boot zurück, warf Schollenprigge und Fische hinein und machte sich auf den Weg, um seinen

Bruder zu holen. Gerade als er bei ihm ankam, hatte Gerret das letzte Goldstück des echten Schatzes aus Peru in die Tiefe geworfen und die Flut die Kiste überspült.

Die weitaus greifende Sandbank vor dem „Noorder Kniip“ heißt noch heute „Spanjer Rag“ (Spanischer Rücken). Sie ist immer noch vorhanden und hat auch in neuerer Zeit zu Schiffsstrandungen geführt. Noch im Jahre 1901 strandete hier ein spanischer Dampfer namens „Basturia“.

Antje Sammen

Regenböen zogen von Westen her über das Land, die See rauschte, und die Möwen flogen über die Felder - ein Zeichen des aufkommenden Sturmes. Der Wind rüttelte auch an den Fenstern eines kleinen Hauses, das einsam außerhalb von Norddorf am Rande der Dünen stand. Seine Wände waren teilweise aus Klei- und Heidesoden aufgesetzt und das Dach mit Strandholz und Dünenhalm gedeckt.

Dieses Haus in „Letj Nuurd“ (Klein Norddorf) gehört der Witwe Antje Sammen. Früh schon hatte sie ihren Mann verloren und wohnte nun mit ihrer Tochter Matje allein. Ihre zweite Tochter Silke war längst im Dorf verheiratet.

Der Sturm tobte die ganze Nacht. Am nächsten Tag - einem Sonntag - besorgte Matje das Haus, während Antje zum Gottesdienst nach Nebel fuhr.

Als man beim Mittagessen saß, erzählte Antje, jemand habe während des Gottesdienstes „Schiff auf Strand!“ in die Kirche gerufen, und alle Männer seien nach draußen gelaufen. Bald darauf kam Silke mit ihren kleinen Kindern und berichtete, dass ein Schiff gestrandet sei. Jetzt wollte sie die Kinder bei Antje lassen und mit Matje zum Strand gehen.

Die Kinder ließen sich von Antje Märchen erzählen. Zuletzt wollten sie noch einmal die Geschichte von Onkel Jan hören. Antje erzählte, wie sie mit ihrem fünfjährigen Sohn Jan auf der Odde zum Halmschneiden war. Der Junge spielte am Strand; aber als Antje ihr Halmbündel auf die Schulter nahm, um nach Hause zu gehen, war der Junge verschwunden. „Weit draußen segelte eine holländische Tjalk. Ich glaube, dass diese Leute meinen Sohn gestohlen haben."

Am Abend kam die Nachricht, dass die Besatzung des gestrandeten Schiffes geborgen und vom Fuhrwerk des Strandvogtes in das Dorf gebracht worden sei. Der Kapitän war von einer herabfallenden Rah getroffen worden und lag mit einem gebrochenen

Amrum - Insel zahlreicher Strandungsfälle

Arm im Haus des Strandvogtes, wo sich alle um den Verletzten bemühten. Auch der Dorflehrer war eingetreten und nahm die geborgenen Schiffsbücher in Augenschein. Dabei kam ihm eine Bibel zur Hand, die auf der ersten Seite den Kapitänsnamen Jan Seimens und das Jahr 1732 trug. Der Lehrer stutzte.

Die Frau des Strandvogtes wurde zu Antje Sammen geschickt mit der Bitte, bei der Pflege des Verletzten zu helfen. Der Kapitän war gerade zu sich gekommen, als Antje eintrat. Er sah sich um und hatte ein seltsames Gefühl von vertrauten, unbewussten Erinnerungen. Antje schnitt gerade den Hemdsärmel des verletzten

Armes auf, um einen Verband anzulegen; da entdeckte sie auf der Schulter des Kapitäns ein großes Muttermal. „Jan, Jan!" sagte sie nur und wurde ohnmächtig.

Als Antje wieder zu sich gekommen war, gab es des Fragens und Erzählens kein Ende. Jan war auf der niederländischen Insel Ameland von einem Pastor aufgezogen worden; dort wohnte er noch, hatte schon längst Frau und Kinder. Die Kunde vom wiedergefundenen verlorenen Sohn ging wie ein Lauffeuer über die Insel.

Strandräuber Rink

In einer einsamen Dünenschlucht westlich von Nebel wohnte vor mehreren hundert Jahren der Schiffer Tade Boh Rink mit seiner Familie in einem ärmlichen Haus. Die Wände dieses Hauses waren mit Heidesoden aufgerichtet, das Dach, die Türen und die Fenster wie auch die kärgliche Innenausstattung aus Strandholz gezimmert. Früher waren die Verhältnisse hier draußen bei „Witjgaapang" besser gewesen, aber nachdem der Schiffer durch Sandflug sein Ackerland verloren hatte, war Strandgang auf mehr oder weniger ehrliche Art sein Tagewerk geworden.

Eines Jahres herrschte besonders große Not im Hause. Im Sommer hatte sich Fischfang und Austernstrich kaum gelohnt, die Vorratskammer war leer, und schon pfiff der erste Herbststurm durch die Dünen. Da sich auch am Strand kein Strandgut fand, beschloss Rink, einen lang gehegten Plan zu verwirklichen. In einer dunklen Nacht segelte er heimlich nach Pellworm und ging unbemerkt vor dem Deich in der Nähe der alten Kirche vor Anker.

Im Jahre 1611 war der halbe Turm dieser Kirche eingestürzt und hatte das Kirchenschiff unter sich begraben. An Wiederaufbau hatte noch niemand gedacht, da die Pellwormer genug Arbeit mit ihren Deichen hatten, über die eine schwere Sturmflut hinweggegangen war. So stand die Turmruine einsam auf der Warft. Die Bewohner von Hooge, Norder- und Süderoog wunderten sich nicht wenig, als in drei aufeinanderfolgenden Nächten ein klares Licht von der Turmhöhe über das stürmische Meer strahlte.

Als das Wetter sich beruhigt hatte und die Sicht klarer wurde, sahen die Halligbewohner, dass eine Anzahl von Schiffen auf Norderoogsand und Seesand vor Amrum gestrandet waren. Sie fuhren mit ihren Booten hinaus, fanden die Wracks aber leer. Die Schiffbrüchigen waren schon von Bord gegangen oder ertrunken. Im Norden vor dem Strand von Amrum aber kreuzte Tade Rink und segelte mit wertvoller Ladung an Bord in den Kniephafen ein. Er hatte nicht nur das falsche Licht auf die Turmruine von Pellworm gesetzt, sondern auch unverzüglich die Schiffe beraubt, die durch das falsche Signal in die Irre geführt und gestrandet waren.

Turmruine der Alten Kirche von Pellworm

Der Kirchturm von Pellworm ist um die Mitte des 15. Jahrhunderts die Behausung des Seeräubers Kort Wiederich gewesen, der im Lande allerhand Unheil angerichtet hat. Nach Christian Johansen ist eine Räuberbande von Pellworm auch einmal während eines strengen Winters nach Amrum gekommen. Das Wattenmeer war zugefroren, sodass zwischen Inseln und Halligen allenthalben Verbindungen über das Eis möglich waren. Die Pellwormer Seeräuber näherten sich der Insel in weißer Kleidung und kamen so unbemerkt bis Nebel. Es war gerade Gottesdienst, und fast alle Dorfbewohner hatten sich in der Kirche versammelt. Die

Seeräuber vernagelten die Kirchentür und raubten in Ruhe die Häuser aus. Erst nach Stunden konnten sich die Eingeschlossenen befreien, aber da waren die Seeräuber mit ihrem Hab und Gut schon wieder verschwunden. Die Amrumer konnten von Glück sagen, dass ihre Häuser nicht angezündet worden waren.

Sagen um die Inselkirche

Im 11. Jahrhundert fand das Christentum nach Überwindung zahlreicher Widerstände seinen Weg zu den Inselfriesen. Der Bau einer Kirche wurde beschlossen. Es lag nahe, diese dem Patron der Seefahrer, St.-Clemens, zu weihen. Wo aber sollte die Kirche stehen? Auf Amrum gab es nur die Dörfer Norddorf und Süddorf, und deren Bewohner stritten hin und her, wo die neue Kirche stehen solle, und vereinbarten zuletzt, dass sie in der Mitte zwischen den Dörfern gebaut werden solle. Man belud ein Fuhrwerk mit Baumaterial und machte sich von Süddorf auf Richtung

Die St.-Clemens-Kirche, wie sie früher war

Norddorf. In der Senke zwischen „Huuchstian“ und „Slebanglidj“ blieb das Fuhrwerk mit einem gebrochenen Rad liegen. Das war wohl ein Zeichen Gottes. Dort, wo das Fuhrwerk zusammengebrochen war, errichtete man die Kirche. Weil sie aber doch noch viel näher bei Süddorf lag, bekam Norddorf das Pastorat. Damit war der Gerechtigkeit nach allgemeiner Ansicht Genüge getan.

Ein Gottesurteil

Eine andere Legende ist von Pastor Richardus Petri überliefert worden, der von 1620 bis 1678 in St. Laurentii auf Föhr wirkte und sich neben seinem geistlichen Amt als Navigationslehrer für die seefahrenden Inselfriesen hervortat. Richardus Petri berichtete von drei Föhringer Studenten, die von Wittenberg kamen und die Lehre Luthers auf Föhr verbreiteten. Dabei kam es zu heftigen Disputen mit der katholischen Geistlichkeit. Als nun bekannt wurde, dass die neue Lehre auch auf Amrum übergriff, machte sich ein Mönch namens Arfastus zu Pferde auf den Weg, um die Amrumer zu ermahnen, am alten Glauben festzuhalten.

Vor seinem Ritt durch das Watt, der angeblich bei halber Flutzeit getan wurde, beschwor der Mönch Gott, er wolle nicht lebend zurückkommen, wenn die katholische Religion nicht die rechte und wahre wäre. Der Ritt gelang trotz widriger Umstände. Nach einer Predigt vor den Amrumern ritt der Mönch über das Watt zurück und erreichte glücklich das Ufer von Föhr. Im Galopp ritt er über die Heide zwischen Witsum und Hedehusum. Das Pferd stolperte über einen Stein und stürzte. Dabei fiel der Mönch so unglücklich, dass er sich den Hals brach. Später wurde es Sitte, dass jeder Vorübergehende einen Stein auf diese Stelle warf, sodass hier ein umfangreicher Steinhaufen entstand. Erst nach 1800 erlosch diese Sitte, und der Steinhaufen wurde für den Bau von Deich- und Wallanlagen wieder abgetragen.

Brandstifter

Auch die Einführung der Reformation im Jahre 1524 ist mit Legenden verbunden, die nach den Berichten zeitgenössischer Chronisten auf tatsächlichen Geschehnissen beruhen. Eine dieser Legenden berichtet, dass die erste lutherische Bibel von einem Schiffer aus Holland mitgebracht wurde. Dieser Schiffer hieß Girre Rakmers und wohnte in „Bäärendääl", einem Tal am Wattufer zwischen Norddorf und Nebel. Girre war in der Welt herumgekommen und berichtete, dass er so weit im Süden gewesen war, dass die Sonne mittags im Norden stand. Die Islandfahrer schüttelten dazu ungläubig den Kopf, aber keiner wollte ihm widersprechen.

Das Haus hatte einen Giebel, an dem die Maueranker die Hausmarke „RF" enthielten. RF waren alte germanische Runenzeichen und bedeuteten „rochtfiardaghaid" (Rechtschaffenheit). Das Haus war gediegen eingerichtet und in der Nordwestecke lag ein kleines Räumchen, in dem Girre sich am liebsten allein aufhielt. Nur manchmal betrat er diesen Raum zusammen mit Bu Rörden und Sönk Bohn, die seine besten Freunde waren. Das Haus stand ziemlich hoch und aus der Haustür konnte man das Haus von Oluf Swennen sehen, das nahe der Burg stand. Weiter im Osten waren damals noch ausgedehnte Marschländereien.

Amrum gehörte zum Königreich Dänemark und in der Zeit regierte König Christian II. Vor seiner Zeit war es üblich, dass Schiffe, die strandeten, ausgeraubt wurden.

Der König befahl ein neues Strandrecht, das das Töten von Schiffbrüchigen unter Strafe stellte. Auch sonst hielt es der König oft mit den „kleinen Leuten", was bei Girre und seinen Freunden gut ankam. Auch der „Pflugpfennig" wurde den Amrumer Bauern erlassen.

Der König hielt es mit der neuen Lehre von Luther, die auch auf Föhr schon gepredigt wurde. Die neue Bibel aber war auf deutsch, was den Freunden gut gefiel. Die katholischen Pfaffen aber blieben bei der lateinischen Sprache. Sie hatten Rückhalt bei einigen alten Frauen, die die Veränderung fürchteten und bei

Oluf Swennen, der sich einen wirtschaftlichen Vorteil davon versprach. Die Priester beauftragten Oluf, das Haus von Girre Rakmers niederzubrennen, was dieser in die Tat umsetzte, als Girre ein paar Tage nach Ribe gereist war. Der Brandstifter wurde nach der Rückkehr von Girre aber bald gefunden.

Christus hatte nur zwölf Apostel

Es war einige Zeit vor dem 1. Weltkrieg. Deutschland war noch ein Kaiserreich und eingeteilt in Provinzen. Eine dieser Provinzen war Schleswig-Holstein und der Regierungssitz war Schleswig.

Eines Tages besuchte der Regierungspräsident mit Gefolge die Insel und besichtigte auch die St.-Clemens-Kirche in Nebel. Für die Betreuung des hohen Besuches hatte sich der Kirchenälteste Johannes Jannen (1871 - 1950) zur Verfügung gestellt. Im Kirchenschiff wurde die West- und Nordempore in Augenschein genommen.

Ursprünglich hatte die Kirche nur eine Westempore, in deren Paneele Gemälde der zwölf Apostel gezeigt wurden. Als dann Anfang des 18. Jahrhunderts die lange Nordempore eingebaut wurde,

Die Empore mit den 12 Aposteln

Johannes Jannen

mussten vier Gemälde auf die neue Brüstung übertragen werden, weil sie sonst durch die neue Empore verdeckt worden wären. Die ganze Reihe der übrigen Paneele der langen Nordempore blieben allerdings leer.

Lange Zeit betrachtete der hohe Besuch die Gemäldegalerie der Apostel und dann fragte der Regierungspräsident: „Warum wurde dann nicht fortgefahren, auch die übrigen Paneele zu bemalen?", worauf der Kirchenälteste kleinlaut antwortete: „Aber der Herr Christus hatte doch nur zwölf Apostel."

Johannes (Hantje) Jannen war etliche Jahre in Amerika und in New York Kaufmann gewesen, ehe er nach Amrum zurück kam und hier in einem alten Sakramentschrank die Personalaufzeichnungen ab anno 1694 entdeckte und sich mit deren Reinschrift ein bleibendes Denkmal in der Amrumer Kirchengeschichte setzte. Er verfasste auch etliche heimatkundliche Schriften, so z. B. das 1932 erschienene Buch „Aus den Tagen unserer Väter".

Wunderte sich der Herr Regierungspräsident Anfang des vorigen Jahrhunderts, dass so viele Paneele der langen Empore in der St.-Clemens-Kirche leer geblieben waren, so entstand Jahrzehnte später das gegenteilige Problem. Im Zweiten Weltkrieg wurde es dann Brauch, der Gefallenen mit einer Holztafel, etwa 50 x 50 cm groß, zu gedenken. Aber mit Fortdauer des Krieges von 1939 bis

1945 wuchs die Zahl der Gefallenen schließlich auf 85. Und für diese Menge war die Empore schließlich zu klein, sodass alle Toten nach Kriegsende auf einem großen Gedenkstein verewigt wurden. Die Tafeln mit Ritterkreuz und Lorbeerkranz sowie mit den Namen und Geburts- und Todesdaten der Kriegsopfer sind auf dem Dachboden über dem Kirchenschiff noch vorhanden.

Nee, eigentlich nur Babys

Der Friedhof rund um die St.-Clemens-Kirche in Nebel gehört zu den eindrucksvollsten in Nordeuropa. In einer eigens dafür eingerichteten Abteilung an der Nordwestseite wurden im Mai 2013 nach aufwendiger Renovierung die alten historischen Grabsteine neu geordnet und in einer Feierstunde eingeweiht. Nicht einmal die Nachbarinsel Föhr mit ihren Hunderten von Kommandeuren und Kapitänen hat eine solche Menge alter Grabsteine aufzuweisen wie Amrum, ganz zu schweigen von Sylt, wo es diese Stelen nahezu gar nicht gibt - und niemand weiß, warum.

Max Lassen

Von 1936 bis 1963 war Max Lassen (1898 - 1989) Kirchendiener, Friedhofswärter und Totengräber. Er hatte nach der Schulzeit Zimmermann gelernt, war aber auch Landwirt, Seemoosfischer, Seehundsjäger und Entenfänger in der Vogelkoje. Er nahm in jenen Tagen jede Arbeit an, die sich gerade bot.

Am längsten aber stand er im Dienst der St.-Clemens-Gemeinde in der Zeit von Pastor Erich Pörksen. Max war ein Mann einfachen und biederen Gemütes und sagte über seine Totengräberzeit: „Ich habe alle anständig beerdigt."

Wenn er beim Gottesdienst mit dem Klingelbeutel unterwegs war, stimmte er überlaut in den Gesang der Gemeinde ein, und Pastor Pörksen, der ein überaus guter Sänger war, musste aufpassen, dass Max ihn am anderen Ende des Ganges an Stimmgewalt nicht übertönte.

Der Friedhof mit seinen alten Seefahrer-Grabsteinen ist eine von vielen Inselgästen besuchte Attraktion. Eines Tages ging ein Kurgast stundenlang von Stein zu Stein, um etwas Bestimmtes zu suchen. Da kam Max in Arbeitskittel mit Spaten und Schubkarre vorbei und der Steinstudioso stellte sich ihm in den Weg. „Sagen Sie mal, große Männer sind hier wohl nicht geboren!?" „Große" Männer waren für Max allerdings kein Begriff und er antwortete: „Nee, immer nur Babys!" und ging kopfschüttelnd über diese dumme Frage weiter.

Die Krähen verlassen Amrum

Vor einigen hundert Jahren amtierte auf Amrum ein Pastor, der in seinen sonntäglichen Predigten in scharfer Weise die Strandiebereien der Insulaner verurteilte. Die Amrumer besserten sich aber nicht, sondern begannen, den Pastor zu verleumden und zu necken. Schließlich musste der Pastor von der Insel flüchten. Aber bei seiner Abreise bat er Gott um ein Zeichen seines Zornes. Als eine Krähe vorbei flog, prophezeite er, dass keine Krähe mehr auf Amrum übernachten wird. Und so geschah es auch. Die Krähen, die tagsüber auf Amrum nach Nahrung suchten, kehrten jeden Abend zurück nach Föhr. Die Amrumer erkannten dieses Zeichen wohl. Strandgang und Strandraub wurden aber beibehalten.

Diese Sage hat zwei Hintergründe. Früher, als es auf Amrum noch keine Bäume gab, flogen die Krähen, die man tagsüber auf den Amrumer Äckern sah, aus natürlichem Antrieb zum Übernachten zur Nachbarinsel Föhr. Andererseits haben die Amrumer im Jahre 1680 einen Prediger namens Boetius verjagt. - Jedoch nicht wegen seiner scharfen Mahnungen über den Strandgang, sondern weil er allzu vertraulichen Umgang mit der schönen Frau des abwesenden Grönlandkommandeurs Boh Carstens (1634 - 1681) pflegte.

Strandgänger und Strandvögte

Schiffsstrandungen, das Bergen von angetriebenem Strandgut und der Schabernack, den Strandgänger und Strandvögte miteinander trieben, haben die Vorfälle am Inselstrande oft in den Mittelpunkt des Lebens auf Amrum gerückt. Fast alle Insulaner waren mehr oder weniger eifrig dem Strandgang zugeneigt, und die Strandvögte, selbst Insulaner, die in jeder Gemeinde ihr Amt

Strandvogt in Aktion

versahen, hatten keinen leichten Stand. Die Strandgänger hatten eigene Ansicht über die Behandlung von Strandgut, Ansichten, die mit den Verordnungen des Strandrechtes nicht im Einklang standen.

Schon ehe die Dörfer selbständige Gemeinden wurden, hatten sie Strandvögte, die nebenbei auch noch andere Ämter, zum Beispiel die des Bauernvogtes oder Schulvorstehers, versahen oder in anderen amtlichen Eigenschaften tätig waren. Daher konnte es nicht ausbleiben, dass die Vögte nicht als Respektspersonen angesehen wurden, sondern auch manche Feindschaft zu erdulden hatten. Auseinandersetzungen, lustige und tragische, blieben dabei nicht aus, wie nachfolgende Vorfälle beweisen mögen.

Es war um die Mitte des 19. Jahrhunderts. Am Strand waren Teerfässer angetrieben und von Norddorfern heimlich geborgen worden. Die Kunde davon drang aber bald an das Ohr des Strandvogtes, und er ließ eine Haussuchung in die Wege leiten. Vogt und Gendarm gingen nun von Haus zu Haus, um nach den Fässern zu fahnden, stöberten in den Kellern und sahen auch gründlich in Scheunen und Ställen nach. Jeder war verdächtig, und jedes Haus wurde durchsucht.

Ein kleiner Junge aber eilte dem Strandvogt voraus und warnte vor den Fahndern. So kam er auch zu Matz Matzen. „Hast du auch Teerfässer, Matz?" „Nein." „Na, dann ist ja gut, es ist nämlich eine Haussuchung im Dorf." „Was? Dann hilf mir doch schnell, meine Fässer zu verstecken." Sie hoben die alte kranke Schwiegermutter von Matz aus dem Wandbett, wälzten die zwei Fässer, die Matz gefunden hatte, hinein und legten die Bettstelle mit der Kranken wieder darauf. So ging die Gefahr vorbei.

Drei andere Männer aus dem Dorf hatten mit ihren Teerfässern weniger Glück. Sie waren dabei, diese nach Föhr zu schaffen, strandeten jedoch bei ablaufendem Wasser, und wurden hilflos auf einer Sandbank sitzend gefasst. Der Strandvogt Hinrich Quedens brachte die Sache als Strandraub vor Gericht. Das Urteil war hart. Die drei Männer, darunter auch der achtbare Grönlandkommandeur Jakob Engemann, erhielten ein halbes Jahr Zuchthaus. Dabei nahm Martin Pedders die Sache so zu Herzen, dass er im

Zuchthaus starb, obwohl die Tat nach Ansicht der Insulaner nicht ehrenrührig war. Im Jahre 1819 war sogar die gesamte männliche Bevölkerung von Amrum wegen Strandgangs „in Untersuchung und ins Gefängnis geraten".

Aber auch Frauen beteiligten sich am Strandgang. Darüber hat der Strandvogt Friedrich Erichsen (Fitje Iarken) aus Norddorf einen Vorfall in seinem Tagebuch vermerkt: „Im Jahre 1873 wurde ich zum Strandvogt bestellt. In diesem Jahr strandeten zwei Schiffe, die „Solid" und die „Felix", beide mit Holz beladen, und ich verdiente recht gut. Doch ein jedes Amt hat sein Unangenehmes. Es waren verschiedene Planken von diesen Schiffen im Dorfe, und

Strandvogt unterwegs

kurze Zeit danach, noch ehe die Strandauktion gewesen war, kamen drei Wagen von Föhr und kauften das Holz von den Strandläufern. Gerade als ich von „Risem" den Strandweg hochkam, fuhren sie mir in die Quere. Ich besah das Holz, das noch die Markierungen der „Felix" trug, fragte, wie sie dazu kämen und befahl, das Holz vor meiner Tür abzuladen. „Das wollen wir schön bleiben lassen!", sagten die Föhrer. Sie hätten das Holz gekauft, und es gehöre ihnen. Als ich sie fragte, von wem sie das Holz gekauft hätten, antworteten sie, das könne ich ja auf dem Gericht zu wissen bekommen.

Ich kannte aber die in Frage kommenden Personen, lief zu ihnen und sagte, sie sollten den Handel rückgängig machen und das Holz abliefern. Aber das wollten sie nicht. So musste ich nach meinen Instruktionen handeln, wenn ich nicht selber zur Verantwortung gezogen werden wollte."

Friedrich Erichsen brachte den Vorfall dem Landvogt in Nieblum zur Kenntnis, und die Sache ging zu Gericht. Die Strandgänger, zwei Frauen aus Norddorf, wurden vorgeladen und erhielten vierzehn Tage Gefängnis, die sie in Nieblum abzusitzen hatten.

Die Rache folgte aber bald. Kurz darauf wurde der Strandvogt von unerkannt gebliebenen Strandgängern in dunkler Nacht am Strande angefallen und in die Brandung geworfen. Nun war aber Friedrich Erichsen ein guter Schauspieler. Er blieb wie tot am Strand liegen, und die Schreckensnachricht, der Strandvogt sei ermordet worden, lief durchs Dorf. Der für tot gehaltene Strandvogt wurde unter Glockengeläut in das Dorf gefahren, richtete

„Strandräuber" in Aktion

sich hier jedoch plötzlich auf und hielt zum Entsetzen der Fuhrleute und Gaffer eine furchtbare Strafpredigt.

Ein anderes Mal wurde er aber doch genarrt. Ein großes Fass mit spanischem Rotwein war angetrieben worden. Der Eigentümer wurde ermittelt und benachrichtigt, aber inzwischen war es Winter geworden. Das Watt zugefroren und ein Abtransport des Weinfasses unmöglich. So musste der Strandvogt das Fass in einer Scheune aufbewahren. Bis zum Frühjahr aber hatte es noch eine gute Weile. Einige Dorfbewohner entdeckten bald, dass die Scheune zwar gut verriegelt war, das Hühnerloch jedoch meist offen stand und einen - wenn auch unbequemen - Zugang zum Weinfass bot. - Es ist nie herausgekommen, wer es tat und wie es geschah. Aber es wurde ein recht vergnügter Winter im Dorfe. Als nun das Frühjahr kam, das Eis aufbrach und Friedrich Erichsen das Fass versenden wollte und sich schon auf den Bergelohn freute, da rollte das Fass leicht und leer von seinem Platz.

Das Amt des Strandvogtes ist oft durch mehrere Generationen in der Hand einer Familie geblieben. Andere, wie Friedrich Erichsen, haben ihr Amt bald wieder abgegeben, „weil die weltlichen und göttlichen Gesetze nicht im Einklang stehen." Auch in der Strandvogtei in Nebel, einem stattlichen Bauernhof im Nordende, war das Amt seit Jahrhunderten zu Hause.

Zu Anfang des 19. Jahrhunderts ertappte der hier wohnende Strandvogt seinen Nachbarn beim Bergen von Strandgut. Darüber kam ein seltsamer Handel zustande. Der Vogt sah von einer Anzeige ab, forderte dafür aber einen Streifen des angrenzenden Nachbarlandes. Jahrzehnte später, als die Beteiligten längst unter dem Rasen lagen, wunderte sich der Landmesser bei einer gelegentlichen Neuvermessung nicht wenig, denn der heimliche Erpressungshandel war ja nie notariell festgelegt worden.

Über den Nachfolger wird Folgendes erzählt: Der Strandvogt Jensen war gerade dabei, seinen Acker auf dem Felde westlich von Nebel zu pflügen, als ein Strandgänger mit Holz beladen von Westerheide ins Dorf hinunter wollte. Längst hatte der Strandgänger den Vogt gesehen, aber keine Anstalten zum Ausweichen gemacht. Im Gegenteil. - Ruhigen Schrittes und mit einem unbekümmerten Gruß marschierte er mit seiner Last vorbei. Der Strandvogt hatte den Pflug angehalten und sich dem Strandgänger in den Weg gestellt. Er zeigte auf sein Fuhrwerk und sagte: „Da steht mein Wagen, da kannst du die Planke abliefern."

Aber der Strandgänger zeigte nach rückwärts und antwortete: „Da hinten kommt Jan Hennark mit einem Stück Strandholz. Wenn er seins abliefern muss, liefere ich auch, aber hüte dich, nach Jan Hennark sollst du ja erben!" - Und damit schritt er geradewegs und ungehindert davon.

Das Strandvogtamt ist nicht nur mit dem Recht des Strandgutsammelns, mit Bergelohn und Strandauktion verbunden, sondern auch mit unangenehmen Pflichten. Eine davon ist, Strandleichen zu bergen.

Wenn ein Toter am Strand gefunden wurde, dann respektierten sogar die Strandgänger das Strandgesetz und meldeten ihren Fund. Im schon erwähnten Bauernhof in Nebel wohnte der Strandvogt Theodor Jensen, der noch vor einigen Jahren im Amt war, bis er auf tragische Weise verunglückte. Er war eine gutmütige Natur, der die Strandgänger oft gewähren ließ und ein Auge zudrückte. Diesen Umstand nutzte der junge Zimmermann Magnus Tadsen aus Nebel zum täglichen Strandgang. Einen großen Teil des Holzes, das bei ihm zur Verarbeitung kam, hatte er selbst vom Strand geholt.

Eines Morgens fand der Zimmermann jedoch statt Holz und Planken gleich eine Leiche, kehrte um und fuhr in das Dorf zurück, um seinen Fund beim Strandvogt zu melden. Der Strandvogt Jensen, der um eine schlagfertige Antwort nie verlegen war, entgegnete dem verdutzten Strandgänger entschlossen: „Jetzt hast du jahrelang das Holz vom Strand geholt, nun holst du auch die Leiche", und waltete dann doch seines Amtes.

Strandräuber

Im Mittelpunkt des älteren Insellebens standen vor allen anderen Ereignissen Strandungsfälle, die fast bei jedem Sturm am Amrumer

Kniepsand oder auf den vorgelagerten Sandbänken stattfanden. Tagebücher, Familienchroniken, das Kirchenarchiv und amtliche Akten berichten davon. Bei Schiffsstrandungen standen große Werte auf dem Spiel, und es lockte der Gewinn von Bergungsprämien und der Verdienst aus dem verbotenen, heimlichen Bergen von Schiffs- und Strandgütern - Strandräuberei genannt.

Um die Rechte der Reeder und Schiffbrüchigen mehr als bisher zu sichern und der Strandräuberei zu wehren, erließ König Christian der VII. von Dänemark im Jahre 1803 eine neue Strandordnung. Strandvögte, schon seit dem 15. Jahrhundert in allen Strandgemeinden eingesetzt, erhielten strenge Instruktionen über die zu beachtenden Rechte und Regeln beim Strandungsfall. Trotzdem konnten sie nicht jeglichen Strandraub verhindern. Manches wertvolle Gut wurde weiterhin in Sturmnächten aus der Brandung geborgen und durch die Dünen in die Inselhäuser getragen.

Wurde hingegen durch Unvorsichtigkeit der Betreffenden oder durch Anzeige von Neidern ein Strandraub bekannt, scheute die Obrigkeit vor Untersuchungen und Strafen nicht zurück. Es gab „Brüche" (Strafen), Geld-, Gefängnis-, ja in einigen Fällen auch Zuchthausstrafen für ansonsten ehrbare Insulaner. Besonderes Aufsehen, weit über Amrum hinaus, erregte ein Fall im Jahre 1816/17, als nicht weniger als 27 Männer vor Gericht zitiert und bei „Wasser und Brot" zu Gefängnisstrafen verurteilt wurden.

Geschehen war Folgendes: Am 14. November 1816 strandete auf Kniepsand vor Süddorf die englische Brigg „Emulous", geführt von Kapitän James Watson. Das von London nach Hamburg bestimmte Schiff hatte in der Nacht bei Grundberührung mit einer Sandbank sein Ruder verloren und war deshalb in eine hilflose Lage geraten. Den herbeieilenden Amrumer Strandvögten und anderen Helfern gelang es, drei Knaben sowie die aus acht Mann bestehende Besatzung zu bergen und nach Nebel zu bringen, wo man sie einquartierte und versorgte.

Die Schiffsladung, bestehend aus Wein, Zucker, Kaffee, Baumwolle und Elfenbein, erhielt ein Siegel und wurde mit Wachen besetzt. Weil die Lage des Schiffes keine Möglichkeit zur Bergung erkennen ließ, bestimmte Kapitän Watson schon am nächsten Tag, dass die Ladung zu bergen und an Land zu bringen sei.

Nun begannen die Strandvögte mit über hundert Helfern, mit Pferdewagen und Jollen zu arbeiten, nachdem der Küster und Assistent des Birkvogtes, Paul Feddersen (1755 - 1832), „zuvor alle warnte, ja keinen Unfug zu treiben und sich als ehrliche Berger zu betätigen ...“

Vom Morgengrauen bis zum Einbruch der Dunkelheit arbeiteten die Insulaner unermüdlich, bis durch auffrischenden Westwind Ende November so viel Wasser in den immer tiefer sinkenden Schiffsrumpf eindrang, dass die Restladung aufgegeben werden musste. Die geborgene Ladung wurde unter „gehöriger Bewachung“ in Scheunen in Nebel und auf Steenodde eingelagert und später an die Eigentümer, die „Ladungsinteressenten“, ausgeliefert, nachdem sie sich als solche legitimiert hatten. Der Ladungswert wurde mit 200.000 Courantmark (Kaufkraft heute ca. 2,6 Millionen Euro) angesetzt und zwischen den Eigentümern und Bergern ein Bergelohn von 45.000 Courantmark ausgehandelt. Insgesamt waren 143 Männer der Insel, also fast die gesamte arbeitsfähige Bevölkerung, mit der Bergung beschäftigt gewesen.

Bei einem Vergleich der geborgenen Waren und des Ladungsmanifestes stellt Kapitän Watson jedoch das Fehlen von verschiedenen Gütern fest. Nun wurde eine obrigkeitliche Untersuchung eingeleitet, in deren Verlauf sich ergab, dass einige Besatzungsmitglieder der „Emulous“ zusammen mit mehreren Amrumer Bergern diese Waren unterschlagen und nach Sylt und Föhr verkauft hatten. 27 Amrumer standen schließlich am Ende als Tatbeteiligte vor Gericht und erhielten am 1. April 1817 Strafen zwischen „einmal 5“ bis zu „fünfmal 5 Tage“ Gefängnis. Nur die große Menge der Delinquenten, die große Not, die ihre Familien durch die Unterbrechung des Nahrungserwerbs erleiden müssten „… und die Tatsache, dass der größte Teil der entwendeten Güter wieder herbeigeschafft wurde …“ ließ das Obergericht zu Schloss Gottorf von der an sich vorgesehenen „Karren- und Zuchthausstrafe“ absehen. Die Bestraften mussten die Kosten der Untersuchung bezahlen und die bereits erhaltenen Bergelöhne an die

Staatskasse abliefern. Besonders betroffen war offenbar der Müller und Strandassistent Jacob Nahmens, der selbst keine Güter entwendet, jedoch von den Diebstählen gewusst und diese verschwiegen hatte. Er erhielt „dreimal 5 Tage“ und wurde seines Amtes als Strandassistent enthoben. Außerdem erhielt er, „da er ein wohlhabender Mann war, ein Bruch (Strafe) von 100 Reichsbanktalern ...“

Vergeblich wandte sich Pastor Mechlenburg an das Obergericht mit dem Hinweis, dass Jacob Nahmens „in Anbetracht seiner Wohltätigkeit gegen arme Witwen, deren hier so viele sind, dem Lande unentbehrlich sei ...“ Die Strafe wurde in der verkündeten Höhe vollstreckt.

„Strandlaufen“, wie es in der Sprache der Amrumer heißt, oder „Strandraub“, wie es in den Akten der Behörden steht, war nach Meinung der Insulaner kein unehrenhaftes Delikt. Und trotz der Strafandrohung ist auch in jüngsten Zeiten den Strandvögten noch manches Gut vor der Nase weggeholt worden - so beispielsweise der Inhalt eines Rumfasses, das im Jahr 1940 auf Kniepsand beim Quermarkenfeuer antrieb (s. „Das Rumfass im Randel“).

Doch nicht immer brachten Strandgüter Glück und Segen in das Haus, wie es der nachstehende Vorfall beweist: Ein älterer Insulaner, Georg Nahmens aus Norddorf, fand eines Tages im Flutsaum eine gefüllte Flasche, deren Etikett allerdings nur noch teilweise vorhanden und lesbar war. Immerhin ließ sich noch entziffern, dass es sich um ein Haarmittel handelte. Der Finder, erfreut, seinen schon lichter werdenden Haaren etwas Gutes zu tun, nahm die Flasche mit und schüttete sich zu Hause eine Portion der Flüssigkeit auf sein Haupt.

Doch was war das! Als er am nächsten Morgen erwachte, war das Kopfkissen mit Haaren übersät. Ein Blick in den Spiegel vervollständigte den Schreck! - Sein Haar, vielmehr die kärglichen Reste, schimmerte glanzlos und grau. Georg Nahmens hatte wohl ein Haarmittel gefunden - aber ein Enthaarungsmittel!

Mehr Glück hatten andere Amrumer Strandläufer, die im Jahre 1931 ebenfalls „Enthaarungsmittel“ am Strande fanden - zehntausende französische Rasierklingen, die, in mehreren Kisten ver-

Strandläufer haben eine Kiste mit Rasierklingen gefunden

packt, antrieben. Sie waren in dickem Ölpapier verhüllt und hatten kaum Schäden durch Salzwasser erlitten. Wieder einmal hatten die Amrumer alle Hände voll zu tun, um diesen Strandsegen zu bergen, ehe der Strandvogt etwas davon erfuhr.

Angeblich sollen die Kisten aus Amerika gekommen und für Hamburg bestimmt gewesen sein. Dort gab es jedoch Schwierigkeiten mit dem Zoll, sodass schließlich die „Vernichtung der Ware auf See“ angeordnet wurde. Der Lotse aber, der das dafür vorgesehene Schiff aus der Elbe in die Nordsee hinausführte, war der Amrumer Richard Matzen. Er bat, die Kisten auf einer von ihm genannten Position über Bord zu werfen, wohl wissend, dass Strömung und Wind die Kisten bis nach Amrum hinauf trieben. Dies geschah auch, doch trieben auch mehrere Kisten auf Föhr an.

Aber nicht alle Finder konnten sich ihrer Beute lange freuen. Nachdem sich das Gerücht von den Rasierklingen verbreitete, hielten Strandvögte und Zollbeamte, begleitet vom Inselgendarm, Haussuchung bei den Verdächtigen. Die Folge war, dass nicht wenige Insulaner eine „Urkunde“, eine Strafanzeige über die Teilnahme am „Banden-Strandraub“, erhielten. Andere, die von der Haussuchung verschont blieben, haben sich lebenslang mit den Klingen rasiert und noch manches Päckchen an die Nachkommen vererbt.

Und noch ein Stück von der Strandräuberei. Julius Bertelsen hatte am Strand ein kleines Fass Wein gefunden und rollte die kostbare Beute im Schutz der Dunkelheit über den Kniepsand und durch die Dünen nach Hause nach Süddorf. Es war eine harte Arbeit, das Fass auf dem weichen Sandweg zu befördern, und Julius bemerkte bei dieser schweißtreibenden Tätigkeit nicht, dass ihm in einiger Entfernung jemand folgte. Es war Conrad Matzen, der beim Strandgang nicht das Glück seines Nachbarn gehabt hatte.

Als Julius nun das Fass durch die Dünen geschafft hatte und die Lichter des Dorfes auftauchten, trat Conrad plötzlich aus der Nacht zu dem erschöpften und überraschten Julius und sagte: „Halfpart, mein Lieber, und ich werde schweigen." Julius, der seinen Fund nicht gerne an den Strandvogt verlieren und sich obendrein noch eine Strafe einhandeln wollte, war gezwungen, der Forderung des Schelmes nachzugeben.

Knudt Girris

Es geschah in den ersten Jahrzehnten des 19. Jahrhunderts. Europa litt noch unter den napoleonischen Kriegswirren. Der dänische Staat, wozu auch Amrum gehörte, hatte bankrott gemacht. Es herrschte ein große Teuerung im Lande. Schlimmer aber war, dass Walfang und Handelsseefahrt, die Säulen des „Goldenen Zeitalters" der Inselfriesen, infolge der Kriegshändel völlig darniederlagen und sich nun in dieser Notzeit die Vielzahl der Witwen und Waisen, verursacht durch die hohe Todesrate der Seefahrer, schmerzlich bemerkbar machte.

Jahrhundertelang war das Erwerbsleben der Insulaner der See zugewandt - nun galt es auf dem eigenen, kargen Geestboden durch Landwirtschaft eine Lebensgrundlage zu finden. Die Hälfte der Insel lag aber unter Dünen, und die gesamte Inselmitte bis hin zum „Hoofstich", der alten Straße zwischen Nebel und Norddorf, war von Heide bedeckt, weil in den Jahrhunderten der Seefahrt die Kultivierung des Bodens vernachlässigt wurde. Und um das Unglück nun vollständig zu machen, bildeten sich westlich von Norddorf große Wanderdünen, die begannen, Teile der fruchtbaren Marsch zu übersanden und das Dorf mit Sandflug zu bedrohen.

In diesen Jahren war Knudt Girris (1751 - 1829) Bauernvogt in Norddorf. Er erkannte die Gefahr, die dem Land und dem Dorf drohte und ordnete mit Unterstützung der Königlichen Regierung die Bepflanzung der Wanderdünen mittels Hand- und Spanndienst an, sodass die Gefahr schließlich abgewendet werden konnte.

Zum Schutz der Dünenvegetation war es notwendig geworden, das Halmschneiden zu verbieten. Doch das bedeutete gerade für die Ärmsten eine erhebliche Minderung ihrer ohnehin geringen Erwerbsmöglichkeit. Aus Dünenhalm (Strandhafer) wurden nämlich Reepen (Seile) gedreht, die auf Föhr und dem Festland sehr begehrt waren, weil sie zum Befestigen der Reetbedachung auf den Dachlatten gebraucht wurden. Nun wurde von der Kanzel[1]) der St.-Clemens-Kirche verkündet, „dass diejenigen, welche Halm auf den Dünen schneiden, ohne alle Gnade als Diebe bestraft und das erste Mal mit Gefängnis und Ruten gezüchtigt und das zweite Mal am Pranger zur Staupe geschlagen und auf dem Rücken gebranntmarket werden."

Trotz dieser Strafandrohung gingen die Insulaner, gezwungen durch die Not, heimlich in die Dünen, um Halm zu schneiden. Dem strengen Vogt blieb diese Tätigkeit nicht lange verborgen. Regelmäßig überprüfte er auch die Häuser, ob Halm zum Trocknen auf dem Dachboden lag oder fertige Reepen vorhanden waren.

Zwei Witwen aus Norddorf, denen in heimlicher Nachtarbeit die Anfertigung von Reepen gelungen war, wollten diese auf Föhr verkaufen, wagten sich jedoch am Tage nicht übers Watt. In der Dunkelheit kamen sie aber vom Weg ab, gerieten in die

[1]) Bis etwa 1870 wurden Regierungserlasse von der Kanzel verlesen

auflaufende Flut und entrannen, völlig durchnässt und verängstigt, nur mühsam dem Tod.

Andere Frauen, die von diesem Vorhaben wussten, waren besorgt nach „Remsaanj“ an der Nordspitze geeilt, um den beiden zu helfen. Doch auch der Vogt hatte von diesem Vorfall nun Wind bekommen, spannte seinen Wagen an, und fuhr dort hin, wo die beiden Frauen an Land kommen mussten. Knudt Girris verspürte beim Anblick der von Todesangst gezeichneten Frauen kein Mitleid. Mit harten Worten hielt er ihnen eine Strafpredigt und nahm den beiden die Reepen ab. Dann stieg er auf sein Fuhrwerk und fuhr, ohne sich weiter um die verzweifelten Frauen zu kümmern, ins Dorf zurück.

Da geschah es, dass eine der Frauen auf die Knie fiel und mit schriller Stimme zum Himmel schrie, dass der Herrgott einen Fluch auf den Vogt und seine Nachkommen laden möge. Die Anwesenden erstarrten, und wie ein Lauffeuer verbreitete sich die Kunde über diesen Vorfall auf der Insel. Schaudernd und gespannt

Das Haus des Vogtes Knudt Girris - heute „Ual Öömrang Wiartshüs“

wartete jedermann auf ein Zeichen von oben - aber nichts geschah. Knudt Girris lebte und starb in Frieden und auch den Kindern wurde kein Unglück zuteil. Im Dorf beobachtete man aber jedes kleine Missgeschick, das der Familie widerfuhr und sah darin den Vollzug der Gottesstrafe.

Knudt Girres wohnte dort, wo heute das „Ual Öömrang Wiartshüs“ im Uasteraanj, dem Ostende von Norddorf, steht.

Der rätselhafte Tod des Vogtes Hinrich Quedens

Hinrich Quedens, geboren im Jahre 1779, war jahrelang Strandvogt, Bauernvogt und Schulvorsteher in Norddorf und repräsentierte mit diesen Ämtern die weltliche Obrigkeit im Dorf. Da er korrekt, aber streng regierte, brachte ihm das manchen Streit mit den Dorfbewohnern, denen er allzu unnachsichtig auf die Finger sah.

Der Strandgänger Albert Jensen, den der Vogt schon öfters wegen Trunkenheit ermahnt hatte, beschloss daher, Rache zu nehmen. In gehobener Stimmung holte er eines Tages seinen alten Vorderlader hinter dem Ofen hervor, schüttete eine gute Portion Pulver in den Lauf, stopfte eine Handvoll Papier darauf und stampfte die Ladung mit dem Ladestock gut fest. Schließlich setzte er ein Zündhütchen auf das Zündloch und begab sich dann auf den Kriegspfad. Auf Umwegen schlich er durch das Dorf über „Henershuuch“ und „Degelk“ und näherte sich von Süden dem Haus des Vogtes. Die letzten Meter robbte er bis kurz vor das Haus und verschnaufte eine Weile hinter einem Wall. Auf diesen Wall schob Albert dann langsam den Flintenlauf und zielte lange und zögernd. Endlich löste sich mit Donnergetöse der Schuss. Rauch stieg auf und Papierfetzen wirbelten durch die Luft. Albert hatte nicht auf etwas bestimmtes gezielt, sondern einfach in die Luft gefeuert. Trotzdem wurde ihm unbehaglich zumute, und er zog sich schnell zurück. Zu Hause wurde die Tat mit einem kräftigen Schluck begossen.

Was aber war inzwischen im Haus des Vogtes geschehen? Hinrich Quedens, 70 Jahre alt, hatte auf der Bank gelegen und geruht.

Durch den Knall in der Nähe des Fensters fiel er vor Schreck herunter und wurde ohnmächtig. Seine Frau versuchte vergeblich, ihn wieder aufzurichten. - Nachbarn eilten herbei und versuchten zu helfen. - Umsonst. Der Ohnmächtige, der keine Schussverletzung aufwies, war binnen einer Stunde tot.

Mit großen Ehren wurde er einige Tage später beerdigt. Am 10. November 1849 wurde im Kirchenbuch eingetragen: „Nur eine Stunde sich unwohl fühlend, ist er gestorben."

Albert Jensen kam in das Gefängnis nach Nieblum auf Föhr. Das Gericht konnte jedoch keinen unmittelbaren Zusammenhang zwischen dem Schreckschuss und dem Tod des Vogtes feststellen. So wurde er einige Wochen später entlassen, kam über das Watt zurück und schlich unauffällig in sein kleines Häuschen.

Im Jahre 1863 kenterten zwei Boote in einem wahnwitzigen Bergungswettlauf vor dem Norddorfer Strand. Neun Männer kamen dabei ums Leben. Albert Jensen war einer von ihnen.

Das Rumfass im Randel

Strandgang und Strandraub sind nicht nur Erscheinungen vergangener Zeiten gewesen. Wenn auch in älterer Zeit häufiger Schiffe strandeten und der Segen des Meeres größer war, ist auch noch in jüngster Zeit manches wertvolle Gut gefunden und von Strandgängern in Sicherheit gebracht worden. Dazu gehörte auch das Rumfass, das im „Randel", einem Kniepsandpriel, gefunden wurde. Einer der beteiligten, Theodor Kölzow, weiß darüber folgende Geschichte zu erzählen:

Es war im Zweiten Weltkrieg. Zusammen mit einem Kollegen befand ich mich als Zollgrenzschützer auf der Streife beim Quermarkenfeuer. Dort, wo die Senke des „Randel"-Prieles in den Kniepsand einbricht, entdeckten wir einen dunklen runden Gegenstand. Wir kamen näher und stellten fest, dass es ein Fass aus Eichenholz war, das zwar starke Zersetzungsspuren aufwies, aber dicht hielt. Ich bohrte mit einiger Mühe ein Loch in das Fass. Welch eine Überraschung! Köstlicher Rumduft entströmte der winzigen Öffnung. Nachdem auch mein Kollege eine Nase voll davon geschnuppert hatte, verstopften wir das Loch wieder.

Was nun? Als Grenzschützer hätten wir das Strandgut abliefern müssen, selbst wenn es sich dabei um ein Rumfass handelte. Wenn der Fund gemeldet würde, ginge der Rum mit Sicherheit an eine übergeordnete Instanz verloren. Andererseits drohten drakonische Strafen für den Fall, dass wir das Fass nicht ablieferten. So schwankten unsere Meinungen hin und her. Aber schließlich siegte die Vernunft, und wir beschlossen, dass das Fass auf Amrum bleiben müsse. Nun kam es darauf an, den Rum so schnell wie möglich zu bergen, zumal die nachfolgende Streife aus zwei Kollegen bestand, auf deren Beistand wir nicht hoffen durften, waren doch die beiden, Heinrich Schuldt und Karl Flor, dem Nationalsozialismus verpflichtet.

Wie aber sollten die 500 Liter noch unverschnittenen Rums geborgen werden? Das Fass war viel zu schwer und unbeweglich, und es war erforderlich, den Rum in kleinere Portionen abzufüllen. Wir erinnerten uns an die vielen Töpfe und Eimer, die im ehemaligen Rettungsbootschuppen „Baatjestich" lagen. Dort hatte im letzten Friedensjahr eine christliche Freizeitgruppe gelagert und in der Hoffnung auf die Wiederkehr im nächsten Jahr ihr Geschirr dort gelassen. Wir schleppten die Eimer und Töpfe über den Kniep, bohrten das Loch noch etwas größer und ließen den kostbaren Saft in die Gefäße rinnen. So liefen wir zwischen Rumfass und Dünenkante hin und her, bis die Gefäße gefüllt im Bootsschuppen standen. Aber auch hier konnte der Rum nicht bleiben. Deshalb versteckten wir alles in einem Dünental.

Ein kleiner Teil nur war jetzt geborgen. Die Flut kam zurück, erreichte das Fass und bedeckte es. Das war gut so! Denn schon nahte von Norden her unsere Ablösung, die in Wort und Tat dem damaligen Regime verpflichtet war und unser Vertrauen deshalb nicht verdiente.

Nun konnten wir ruhig ins Dorf zurückkehren, um die nächste Ebbe abzuwarten, die in die Nacht fallen würde. Einige weitere Dorfbewohner wurden eingeweiht, leere Flaschen und Behälter zusammengesucht. Endlich war es dunkel, und wir eilten mit zehn

Mann zum Strand. Auch von Wittdün und Steenodde hatte sich Freunde eingefunden. - Nun bohrten und zapften wir die ganze Nacht und konnten fast den gesamten Inhalt des Rumfasses bergen. Das leere Fass wurde auseinandergesägt und verborgen, während die gefüllten Flaschen in den Kellern unserer Häuser verschwanden.

Ein Mitverschworener aus Steenodde, Peter Petersen (Peter Post), hatte Pech. Er hatte sich eine Korbflasche mit 25 Liter Rum gefüllt und radelte zufrieden damit nach Hause. Vor seinem Garten stieß sein Fahrrad gegen einen Stein, und die Korbflasche fiel so unglücklich, dass sie zerbrach und der Inhalt sich auf die Straße ergoss. Halb Steenodde roch in dieser Nacht nach Rum. Nur gut, dass niemand die Nase nach draußen steckte. So hatte dieser Unfall keine weiteren Folgen.

Am nächsten Morgen traten die beiden Zollkollegen bei ihrem routinemäßigen Streifgang in den Bootsschuppen und schnupperten den Rumduft, der sich dort hielt. Die nächsten Tage waren vielleicht auch etwas lustiger als sonst, und die beiden schöpften Verdacht. Aber wir schwiegen trotz ihres Drängens und ihrer Kreuzverhöre. Treuherzig versicherten wir immer wieder, nichts von angetriebenem Rum zu wissen. So blieb dieser Fund trotz des inzwischen recht großen Mitwisserkreises unser Geheimnis; die Mitwisser waren ja allesamt auch Mittäter!

War das ein Winter auf Amrum! Es ging trotz der dunklen Kriegsereignisse recht lustig her. Mein Nachbar Arian erhielt ein paar Flaschen von mir, um seine Grippe zu kurieren. Unsere uneingeweihten Kollegen haben den ganzen Winter nach Rum gesucht, weil sich der Geruch lange Zeit im Bootsschuppen hielt.

Schließlich hatte auch der Strandvogt Boy Peters etwas gerochen, wenn er auch Duft und Richtung nicht genau zu bestimmen vermochte. Immerhin waren seine Ermittlungen so weit gediehen, dass er mir eines Tages zurief: „Wan jam at guuds faan strun haale, do kön jam uk a liken haale!“ - Wenn ihr das Gute vom Strand holt, dann könnt ihr auch die Leichen holen. Die trieben im Gefolge des Krieges in zunehmender Zahl an.

Die Vertreibung der Amrumer aus dem Himmel

In vergangenen Zeiten haben die Amrumer sich als raubeinige Strandgänger hervorgetan, gefürchtet von Schiffern und Schiffbrüchigen und auch von den Insulanern der Nachbarinseln.

Als Hörnum, die Südspitze von Sylt, noch unbesiedelt war (das alte Dorf war in Sturmfluten und Sandflug untergegangen; das heutige erst nach 1900 entstanden), da tummelten sich die Amrumer auch hier, sammelten Strandholz und Möweneier und nicht nur das. Den Rantumern fehlte auch ab und zu ein Schaf, die damals in den Dünen herumliefen; und bald hieß es auf Sylt: „Gott schütze uns vor Sturm und Wind und Männern, die von Amrum sind!"

Selbst im Himmel waren die Amrumer nicht gern gesehen. Sie verweigerten das Posaunenblasen und Harfenspiel, um sich statt dessen mit eingeschmuggeltem Rum zu belustigen. So erhielt Petrus kurzerhand die Order, keine Amrumer mehr in den Himmel einzulassen.

Nun drängten sich eines Tages gleich neun Amrumer salzwassertriefend vor dem Himmelstor. Bei einem Bergungsversuch hatten sie ihr Leben gelassen. Petrus verwehrte ihnen den Zutritt, indem er auf seine schlechten Erfahrungen mit Amrumern hinwies. Die baten aber so sehr, dass er sie schließlich hineinließ, nachdem sie ordentliches Betragen gelobt hatten.

Eine Weile ging es mit ihnen auch gut, aber dann begann wieder das alte Treiben. Nun überlegte Petrus, wie er die Amrumer wieder loswerden könne, und plötzlich griff er sich vergnügt an den Bart; ihm war etwas eingefallen. Er öffnete das Himmelstor und rief hinein: „Schiff auf Strand!" Da polterte ein Tisch, da flogen Stühle, und die Amrumer stürzten aus dem Himmel hinaus. Petrus verriegelte schnell das Tor und atmete erleichtert auf. Seitdem sind keine Amrumer mehr in den Himmel gekommen - bis auf den heutigen Tag.

Der Amrumer Kaffeekrieg

Fast alle guten Waren, die früher durch die Handelsschiffe aus Übersee nach Europa gebracht worden sind, fanden ihren Weg auch nach Amrum. Allerdings nicht auf die übliche Handelsweise, sondern in Form von Strandgut. So trieb im Jahr 1740 ein Schiff mit einer Teeladung an. Die Amrumer wussten noch nichts damit anzufangen, kochten den Tee wie Kohl und versuchten, ihn zu essen. Erst 1794, nach Strandung eines weiteren Teeschiffes, wurde die Ladung richtig verwertet.

Auch der Kaffee fand um 1800 seinen Weg über den Strand in die Tassen der Insulaner. Er wurde schließlich so eine Art Nationalgetränk. Wegen einer Kaffeeladung rafften sich die Amrumer sogar zu einer kriegerischen Handlung auf, was immerhin bemerkenswert ist. Denn unter der dänischen Krone lebten die Insulaner

Steenodde - Hier fand der Amrumer „Kaffeekrieg" statt.

nicht nur seit Jahrhunderten in Frieden auf ihren Inseln, sondern waren auch noch seit dem Jahre 1735 durch den Erlass von König Christian VI. auf „ewige Zeiten von allen Land- und Soldatendiensten befreit, damit sie frei zur See fahren konnten, wann und wohin sie wollten." Dafür, dass diese Zeit dann nicht ewig dauerte, sorgte die Einverleibung Amrums durch Preußen. Bis dahin blieben die Amrumer in Kriegsdingen völlig ungeübt. Die Sache mit dem Kaffeekrieg trug sich folgendermaßen zu:

Es war im Jahre 1805. Napoleon hatte gegen England die Kontinentalsperre verhängt, um die Einfuhr englischer Waren zu verhindern. Dänemark war jedoch mit Frankreich verbündet, und deshalb nahmen die Engländer nicht nur in einem Handstreich die dänische Flotte vor Kopenhagen, sondern blockierten auch die Nordseeküste.

Kurz vor Ausbruch der Feindseligkeiten strandeten auf Seesand vor Amrum zwei englische Schiffe, „De Dochter Margaretha" und „Zealons", die Kaffee geladen hatten. Die Amrumer als Untertanen der dänischen Krone befanden sich mit England im Kriege. Sie brachten die Ladung an Land und lagerten sie in der Scheune des Steenodder Strandvogtes Volkert Quedens.

Ein paar Tage später tauchte ein englisches Kriegsschiff vor der Küste auf, kreuzte hin und her, als suche es nach etwas und verschwand dann wieder. Zwei Tage später kehrte das Schiff zurück und setzte zwei bewaffnete Fahrzeuge aus, die in die Hafenbucht von Steenodde einliefen. Die Steenodder flüchteten vor der englischen Invasion nach Nebel.

Die Engländer fanden rasch die Ladung, verstauten den Kaffee auf die Boote der Amrumer Austernflotte und ließen die Boote treiben, vermutlich um sie draußen auf See einzusammeln. Es ebbte jedoch stark, und die Engländer blieben mit ihren Booten auf Hubsand sitzen.

Ratlos liefen die Amrumer umher. Sönk Girres, ein ehemaliger Grönlandkommandeur, kam schließlich auf den Gedanken, mit einigen Männern zwei Kanonen, die noch aus der schwedischen Besatzungszeit im Pastorat lagerten, nach Steenodde zu transportieren. Hier wurden die Kanonen auf einem Wall in Stellung gebracht, und man gab den Engländern ein Signal, dass sie sich ergeben sollten. Diese antworteten jedoch mit mehreren Salven ihrer Flinten und setzten die englische Kriegsflagge.

Sönk Girres gab daraufhin den Befehl, die englischen Schiffe in den Grund zu schießen. Es dauerte eine Zeit, bis die kriegsungewohnten Amrumer den ersten Schuss abfeuern konnten, aber schon beim zweiten Böller ging auf den englischen Booten die weiße Fahne hoch. Die Engländer saßen in einer ausweglosen Lage, denn inzwischen war von Wyk ein dänisches Kanonenboot gekommen. Die Engländer ergaben sich. Sie wurden gefangen genommen und in die Norddorfer Schule eingesperrt. Am nächsten Morgen führte man sie über das Watt nach Föhr und übergab sie den dänischen Behörden.

Der Kaffee wurde wieder an Land gebracht. Allerdings waren viele „Kaffeesäcke spoliert und ganz nass", wie Küster Paul Feddersen (1789 - 1858) in sein Tagebuch schrieb.

Fünfzig Jahre später bekamen die Amrumer Kanonen noch einmal Bedeutung. Während der schleswig-holsteinischen Erhebung kam ein Trupp Soldaten unter der Führung von Leutnant Lamp, um diese Kanonen zu holen. Die Amrumer verweigerten aber die Herausgabe, weil sie auf dänischer Seite standen. Der Strandvogt verstand es, mit List und Tücke die Bereitstellung eines Fuhrwerks zu verhindern. In Norddorf kam es zu einem Handgemenge.

Am nächsten Tage kehrten die Truppen jedoch mit Verstärkung und einem eigenen Wagen zurück und luden die Kanonen auf. Als die Amrumer Widerstand leisten wollten, gingen die Schleswig-Holsteiner mit ihren Gewehren in Anschlag, sodass die Insulaner, darunter auch Pastor Mechlenburg (1799 - 1875), „mit kaltem Blute den Mündungen minutenlang gegenüber standen." Schließlich zogen die Truppen mit den Kanonen ab.

Das Boot mit den Kanonen kenterte jedoch vor Glückstadt und ging mit Mann und Maus unter. Befriedigt notierte Pastor Mechlenburg, „dass die Amrumer Canonen nun eine sichere Ruhestatt haben."

Seltsame Seefahrt

Einer der ersten Kaufleute auf Amrum war Arian Petersen. In einem stattlichen Friesenhaus nahe der Kirche von Nebel hatte er um die Mitte des 19. Jahrhunderts einen Laden eingerichtet und fuhr mit einem eigenen Schiff regelmäßig nach Husum. Dort verkaufte er Kaninchenfelle, Halmreepen und Heidebesen, die er von der Amrumer Bevölkerung für seine Ware bekommen hatte. Auf der Rückfahrt wurden dann Waren für das eigene Geschäft und Frachtgüter geladen.

Arian Petersen (1803 - 1893) war nicht nur ein geachteter Kaufmann, sondern auch ein vorzüglicher Schiffer. Davon hat Nahmen Jensen (1842 - 1913) folgende Geschichte erzählt:

Wir waren von Amrum nach Husum gefahren, hatten dort Ladung gelöscht und neue Waren für Amrum an Bord genommen. Nach ein paar Tagen fuhren wir wieder zurück. Es dunkelte, als wir eben draußen im Fahrwasser waren. Arian, 70 Jahre alt, war müde von seinen Gängen durch die Stadt. Er gab den Kurs und legte sich in die Kajüte zum Schlafen. So stand ich denn auf der „Sabine" am Ruder und steuerte den befohlenen Kurs.

Seezeichen und Leuchtfeuer gab es in dieser Gegend noch nicht. Nach etwa einer Stunde rief der Alte von unten: „Nahmen, wenn der Wind noch der gleiche ist, kannst du einen Strich[1]) nördlicher halten!" Das Wetter war undurchsichtig, und es wehte noch der gleiche südliche Wind; also steuerte ich einen Strich nördlicher. Nach geraumer Zeit, die der Alte wohl wieder zum Schlafen genutzt hatte, wollte er die Uhrzeit wissen. „Nun steure Nordwest!" gab er Bescheid, und ich tat, wie befohlen.

Bald nahm der Seegang zu, die „Sabine" dümpelte auf und ab, und aus der Kajüte kam die Stimme von Arian: „Wir sind jetzt im Schmaltief, steuere nun Nordnordost!" Nach einer weiteren Stunde wurde die See wieder ruhiger. Der Alte merkte es und fragte von unten: „Nahmen, kannst du etwas von der Bake sehen? Wir müssen jetzt Seesand passieren." Nein, zu sehen war nichts, nur völlige Finsternis.

Wieder verging eine gute halbe Stunde. Ich steuerte in dunkler Nacht den befohlenen Kurs weiter, aber mir war diese Navigation

[1]) Die Kompassrose ist eingeteilt in vier Quadranten mit je 8 Strich, insgesamt 32 Strich. Jeder Strich wird in 4 Viertelstriche und 8 Achtelstriche unterteilt. Ein Strich entspricht 11,25°. Die 8 Striche z. B. des Nordostquadranten sind: N, NzuO, NNO, NOzuN, NO, NOzuO, ONO, OzuN, O

doch unheimlich geworden. Wenn sie stimmte, mussten wir bald Wittdün passieren. So sehr ich auch Ausschau hielt, es war nichts zu sehen.

Aber schon wieder rief der Alte von Neuem: „Nahmen, nun steure Nordwest!“ Ich tat, wie befohlen und bemerkte nach wenigen Minuten eine leichte Grundberührung. Auch Arian hatte es in der Kajüte bemerkt und rief herauf: „Das ist Hubsand, es wird gleich tiefer!“ So war es auch, die „Sabine“ segelte ungehindert weiter. Nun kam der Alte an Deck, übernahm selbst das Ruder und beorderte mich nach vorne, um den Anker klar zum Fallen zu machen. Danach nahm ich auf Befehl das Segel weg und ließ, als das Schiff an Fahrt verlor, den Anker rasselnd zu Grund fallen.

Inzwischen war die Nacht heller geworden. Die Wolken waren verwischt und der Mond aufgegangen. Es war nun ganz nah Land zu sehen, die Sabine lag genau bei „Ual Aanj“, dem vorgesehenen Ankerplatz unter Nebel.

Walfang bei Jungnamensand

Im Eismeer um Spitzbergen und Grönland war der Walfang für die Amrumer im 17. und 18. Jahrhundert ein einträgliches Gewerbe gewesen. Manchmal kam es jedoch auch vor, dass kleinere Walarten sich an die Nordseeküste verirrten und hier, tot oder noch lebendig, strandeten. So konnte es um 1870, lange nach dem Ende der Grönlandfahrt, noch zu einer letzten, denkwürdigen Waljagd in den Gewässern vor Amrum kommen. Davon erzählt die folgende Geschichte:

An einem schönen Frühjahrsmorgen fuhr Matz Matzen (1807 - 1879) mit seinem kleinen Boot zu den seewärts liegenden Sandbänken, um dort Seehunde zu jagen. Das Wetter war gut, und Matz trieb gemütlich dahin. Schon konnte er eine Anzahl von Seehunden auf Jungnamensand entdecken. Wenig später aber erblickte er einen großen, schwarzen Klumpen am Westrande der Sandbank. Matz glaubte zunächst, ein Wrack vor sich zu haben, steuerte neugierig darauf zu und sah nun einen Wal, der während der Ebbe hilflos gestrandet war.

Das war eine Beute! Matz nahm das Segel herunter und ruderte vorsichtig heran. Im Geiste sah er schon die gefüllten Tranfässer in seinem Keller stehen. Der Wal lebte noch. Es war ein stattlicher Bursche. Matz überlegte, wie dieser Riese wohl zu erlegen wäre. Er hatte nur ein kurzes Messer und seine Schrotflinte bei sich, beide waren zu diesem Zwecke wohl kaum geeignet. Aber er hatte ja noch seinen Bootshaken!

Während Matz Matzen sich eine Ruhepause gönnte, kam ihm beim Anblick des Wales, der seinen dampfenden Atem in die Luft blies, der Gedanke, das Atemloch zu verstopfen. Matz zog seine lange Unterhose aus und näherte sich vorsichtig dem Tier. Es gelang ihm, die Unterhose in das Atemloch zu stopfen. Der Wal schien nun nicht mehr zu atmen, und Matz war überzeugt, das Tier getötet zu haben.

Nun schlang er seinen Anker um die Schwanzflosse des Wales und wartete auf die nächste Flut. Bald stieg das Wasser und der Wal wurde flott. Matz hatte sich inzwischen gestärkt, war in sein Boot gestiegen und legte sich nun in die Riemen, um die Beute zum Amrumer Strand zu rudern. Doch was war das! Der Wal wurde plötzlich lebendig, bewegte sich zuerst ein wenig und dann immer zielsicherer. Die Schwanzflosse begann zu arbeiten, und statt nach Amrum ging die Fahrt nun Richtung offene See. Matz ruderte aus Leibeskräften, aber der Wal war stärker. Mit Kurs auf Grönland fuhr das kleine Boot rückwärts voran, und Matz, der dem Kentern nahe war, musste die Ankerleine kappen und den Wal ziehen lassen.

Frierend und völlig erschöpft saß er nun ohne Unterhose im Boot. Er hatte sich beim Rudern übernommen. Niedergeschlagen kam er nach Amrum zurück. Anker, Unterhose und Wal waren verloren. Sein Erlebnis aber blieb noch jahrelang Gespräch auf der Insel.

Der Wal soll einige Zeit später an der schottischen Küste angetrieben sein. Sein Bootshaken mit den Initialen M.M. steckte noch im Speck des Tieres. Englische Zeitungen schrieben darüber, aber von einer Unterhose im Atemloch wurde nichts erwähnt.

Veränderungen im Weltall

Ein Kapitän von „altem Schrot und Korn“ war der in Norddorf lebende Jan Knudten (1877 - 1952). Wie fast alle Jungs von der Insel war er gleich nach der Konfirmation zur See gegangen und erlebte ab 1892 auf dem Hamburger Segelschiff „Antigone“ auf einer Salpeterfahrt zur Westküste von Südamerika die Weite der Welt. Es folgten weitere Reisen, so 1905 mit der „Palmyra“ der Reederei Laeisz unter dem Föhrer Kapitän Eduard Paulsen und im Jahre 1905 der Wechsel zur Dampfschifffahrt auf dem Dampfer „Edfu“ der Hamburger Reederei Kosmos. Im Gefolge des 1. Weltkrieges, aber auch durch die zunehmend dominierenden Dampfschiffe, verschwanden dann die Tiefwassersegler von den Weltmeeren und damit ging auch die großartigste Zeit der Inselgeschichte, die Seefahrt, zu Ende. Nur ganz wenige Amrumer wechselten noch zur Dampfschifffahrt und dazu gehörte Jan Knudten.

Nachdem er während der Dauer des Ersten Weltkrieges (1914 - 1918) auf einem Kosmos-Dampfer an der südamerikanischen Küste interniert war, wurde er 1927 zum Kapitän ernannt. 1931 konnte er dann in Norddorf das stattliche Haus „Fallen Anker“ bauen und 1939 die „See bedanken“, wie man den Abschied vom Weltmeer nannte.

Kosmos-Kapitän Jan Knudten

Es war übrigens ein Kuriosum seines Lebenslaufes, dass er nur einmal strandete: Als er nach dem Ersten Weltkrieg mit einem kleinen Segelboot an den Schmuggelfahrten nach Dänemark teilnahm, nahe der Hallig Jordsand strandete und dort einige Tage stecken blieb. Die anderen Amrumer Skipper, die mit ihren Booten bevorzugt über Untiefen segelten, weil sie dort nicht von Zollkreuzern erwischt und kontrolliert werden konnten, kamen immer heil nach Hause und hatten natürlich ihren Spaß daran, dass ein Schiffsführer wohl auf den Weltmeeren zurecht kam, aber nicht in seiner Heimat im Wattenmeer zwischen Inseln und Halligen. Jan Knudten war verheiratet mit Ingeline, geb. Peters (1880 - 1958), einer kleinen, aber resoluten Frau, die im benachbarten Friesenhaus einen Laden (später „Friesenlädchen") einrichtete und das eigentliche Kommando im Haus Knudten hatte.

Als Jan eines Tages auf der Dorfstraße in ein Streitgespräch mit seinem Schwiegersohn Heinz Blank über die Stellung der Gestirne geriet, ergab sich eine lebhafte Diskussion über Astronomie. Zu diesem Thema verfügte Kapitän Knudten als nautischer Offizier natürlich über Spezialwissen, weil er Jahrzehnte die Schiffsposition nach den Sternen berechnet hatte. Aber Heinz wusste alles viel besser und blieb dabei, dem Kapitän die Stellung der Gestirne zu erklären. Als die Auseinandersetzung immer heftiger wurde, mischte sich schließlich Ingeline mit den Worten ein: „Jan, nü snaake dach ei, daalang as dach ales ööders wurden!" (Jan, nun rede doch nicht, das ist doch heute alles anders geworden.)

Mann über Bord

Karl Jensen (1905 - 1999) und Christian Quedens (1904 - 1945), beide aus Norddorf, waren in jungen Jahren zur See gefahren, aber in den 1920er Jahren wie viele andere Amrumer nach Amerika ausgewandert und hatten in New York ein „Deli", ein Delikatessengeschäft, gekauft und mit ihren Frauen betrieben. Doch als 1929 die Weltwirtschaftskrise (1929 - 1933) ausbrach und das Dollarverdienen in den USA schwieriger wurde, besannen sich beide auf ihre Heimat und beschlossen, nach Hause zurückzukehren, ein Boot zu kaufen und gemeinsam von Amrum aus Ausflugsfahrten mit Gästen anzubieten, zu fischen, aber auch Schmuggelfahrten nach Helgoland zu unternehmen.

Christian Quedens

Zu diesem Zweck wurde auf einer Büsumer Werft ein entsprechendes Boot in Auftrag gegeben. Die „Jungfernfahrt“, die Übergabe an beide im Sommer 1932, verdiente allerdings keineswegs das obige Prädikat. Begleitet vom Sohn des Büsumer Werftbesitzers wurde unterwegs an Bord so kräftig gefeiert, dass alle drei bei der Ankunft im Wattenmeer zwischen Föhr und Amrum die Kontrolle über das Boot und sich selbst vollständig verloren hatten. Es entwickelte sich eine Tragödie, die noch heute von alten Leuten erzählt wird.

Karl Jensen

Angekommen auf der Höhe von Amrum Odde, wo das Schiff auf einem Ankerplatz liegen sollte, trat der junge Büsumer, einem menschlichen Bedürfnis Folge leistend, an die Bordwand und fiel bei Verrichtung desselben über Bord. Bald darauf wurde der Verlust von den anderen beiden Herren entdeckt, und während ihr Schiff auf die Odde zusegelte und dort strandete, stiegen sie in das Beiboot, um nach dem Vermissten zu suchen.

In ihrer Trunkenheit vergaßen sie aber, das Segel zu bergen und den Anker zu werfen. Deshalb machte sich das Boot wieder selbständig und segelte hinüber nach Utersum auf Föhr, wo es abermals strandete, während die beiden Herren vergeblich wie wild umher ruderten, um den Büsumer zu finden.

Dieser hatte aber unglaubliches Glück gehabt. Er war beim Überbordfallen in Rückenlage im Wasser gelandet und trieb nun mit dem Ebbstrom in Richtung auf Hörnum auf Sylt, als er vom Schiffer Willi Schau (1899 - 1984) entdeckt wurde, der mit seinem Segelboot auf dem Weg nach Amrum auf Verwandtenbesuch war. Beinahe hätte Willi Schau die treibende Schnapsleiche erschossen, weil er ihn für einen Seehund hielt, da nur der Kopf aus dem Wasser ragte. Gerade noch rechtzeitig wurde der junge Büsumer als Mensch erkannt und an Bord gezogen.

Karl und Christian ruderten noch immer wild umher, um ihren „dritten" Mann zu finden und Karl sprang schließlich volltrunken über Bord und schwamm wie ein Verrückter umher, wobei er alle seine Kleider verlor. Am Utersumer Strand versammelten sich inzwischen immer mehr Menschen, vor allem auch Schwestern aus dem nahen Kurheim, um die merkwürdigen Bootsmanöver zu bestaunen.

Drüben auf Amrum war man auf die Vorgänge im Watt aufmerksam geworden, und im Fleet, einem kleinen Hochwasserhafen in der Norddorfer Marsch, die erst 1935 eingedeicht wurde, machten sich Segelboote bereit, um bei der offensichtlichen Katastrophe behilflich zu sein - eine Katastrophe, die noch dramatischer wurde, als Karl Jensen im Adamskostüm an Land stieg und die Schwesternschar des Kurheimes zu panikartiger Flucht veranlasste.

Das neue Segelschiff der beiden wurde dann unversehrt geborgen, hat aber ihren Besitzern kein Glück gebracht. Im Herbst desselben Jahres gab es beim Fischen eine Havarie, sodass ein dänischer Fischkutter den Amrumer Segler zwecks Reparatur nach Helgoland einschleppte. Von dort wollten die beiden aber nicht leer und nutzlos nach Hause segeln und beluden ihr Schiff mit Schmuggelware - eine Aktion, die aber beobachtet und an die Zollbehörde gemeldet wurde.

Diese stellte unverzüglich Ermittlungen an und suchte den Amrumer Segler zunächst wegen der Nummer Nor 151 in den Häfen von Nordenham und Norderney, bis sie schließlich die Nummer als Norddorf 151 identifizierte. Hier wurde im Haus von Christian Quedens eine Haussuchung durchgeführt und die Schmuggelware entdeckt. Es gab eine Strafe und für Christian Quedens angeblich auch einige Wochen Gefängnis, weil er einen Zollbeamten beleidigt hatte. Schlimmer noch: das Boot wurde als

Der Kutter „Nor 151" zum Malen trockengefallen

Corpus Delicti beschlagnahmt und nach Husum verbracht. Dort hat es dann jahrelang im Hafen gelegen, bis es verrottet war. Die Beschlagnahme verursachte dann noch einen Kollateralschaden, der einer gewissen Ironie nicht entbehrt. An Bord des beschlagnahmten Kutters befanden sich ein Jollensegel und die Pinsel des Malers Johannes Quedens, Bruder des beklagten Christian Quedens. Dummerweise wurden Segel und Pinsel mit beschlagnahmt und der Maler stand ohne sein Handwerkszeug da. Versuche, seine Pinsel zurückzubekommen, wurden aber vom Hauptzollamt zurückgewiesen.

Karl Jensen wanderte nach dem Krieg dann wieder nach Amerika aus und Christian Quedens hätte im Weltkrieg nicht als Kriegsgefangener, kaum 40 Jahre alt, sein Leben verloren, wäre er bloß in Amerika geblieben.

Volltreffer im Suppentopf

Um die Jahrhundertwende 1900 gab es auf Amrum noch etliche Kapitäne, die Tiefwassersegler vor allem Hamburger Reeder über die Weltmeere geführt und dabei das berüchtigte Kap Hoorn an der Südspitze Südamerikas umrundet hatten. Sie zählten zur ehrwürdigen Gilde der „Kap Hoorniers". Ebenso gab es natürlich auch die zugehörigen Matrosen und Steuerleute. Einer davon war Antonius Paulsen (1887 - 1968), der, nachdem er die Seefahrt „bedankt" hatte, Bauer in Nebel war. Antonius war ein Mann gewaltiger Worte und vertrat in lautstarken Diskussionen seinen speziellen christlichen Glauben, der sich zum Umwillen von Ehefrau Helene und zwei Töchtern vor allem auf die „Ludendorffsche Gotterkenntnis" bezog. Aber ansonsten war Antonius ein kluger und umgänglicher Mann.

Antonius Paulsen als Bauer in Nebel

Wenn Lust und Laune seine Zunge lösten, erzählte er gerne und lebhaft von seiner Seefahrtszeit. „Ich fuhr als Leichtmatrose zum ersten Mal über den Äquator nach Kapstadt. Unterwegs wechselte der Passat (eine für Segelschiffe günstige Ost-West-Windströmung beiderseits des Äquators) und wir mussten in die Rahen, um die Segel zu reffen. Als ich nun in der Takelage herumturne, löst sich mein linker Schuh und empfiehlt sich nach unten. Das wäre ja nicht weiter schlimm gewesen. Aber gerade in diesem Moment kommt unser Smutje (Schiffskoch) aus der Kombüse und steuert mit einem großen Zinntopf voller Suppe zur Kommandobrücke. Und wie der Zufall es will: Mein Schuh fällt genau in den Suppentopf, sodass dem Smutje sein Gekochtes um Nase und Ohren spritzt und er einen gehörigen Schreck bekommt.

Dann kriegt er wieder Luft, schaut wütend nach oben und entdeckt mich dank der entblößten Socke als Täter. ‚Nun will ich dir mal was sagen', bellt er herauf. ‚Fast 60 Jahre bin ich nun alt, aber so etwas ist mir noch nie passiert!' Na, ich gucke nach unten und rufe: ‚Mancher wird 100 Jahre alt, und dann ...' (Kunstpause) ‚Und was dann?!' fluchte der Schiffskoch. ‚... dann stirbt er auf einmal!' Über die nachfolgende Strafe schweige ich."

Grüße des Königs

Nach dem Staatswechsel vom gemütlichen (hyggeligen) Dänemark zu Preußen bzw. zum Deutschen Reich im Gefolge des Krieges im Jahre 1864 geriet die Seefahrt der Insulaner zunächst in eine Krise. Die „Befreiung für ewige Zeiten vom Kriegsdienst zu Lande" seit 1735 wurde aufgehoben („Jeder Preuße hat zu dienen") und die privaten Navigationsschulen auf den Inseln zur Erlangung der für Steuerleute wichtigen Navigationskenntnisse mussten ihren Dienst aufgeben. Die staatliche Navigationsschule war für die meisten Insulaner zu teuer.

Beide Änderungen förderten im hohen Maße die Auswanderung nach Amerika, die Flucht der jungen Männer vor den Folgen des Staatswechsels.

Aber in den letzten Jahrzehnten des 19. Jahrhunderts blühte die Seefahrt doch in gewissem Umfang wieder auf und Amrumer Seeleute, vom Schiffsjungen bis zum Kapitän, fanden wieder Heuer, vor allem in Hamburg und Altona. Ziele der weltweiten Seefahrt waren Häfen in den USA (Auswanderung), die Westküste von Südamerika (Salpeter) und Ostindien (Gewürze, Reis), hier vor allem die Häfen Hongkong und Shanghai.

Ostindienfahrer „Kali Maas“, Kapitän C. Bendixen um 1850

Zu den Amrumer Kapitänen gehörte Boy Diedrichsen, geboren 1819. Er führte das Schiff „Johanne“ der Reederei Donner in Altona, noch in dänischer Zeit unter dem Danebrog. Der Steuermann war sein Amrumer Landsmann Gerret Jannen (1839 - 1889) über die lange Zeit von 21 Jahren. Inselchronisten berichten, dass Boy Diedrichsen (die Verdeutschung des friesischen Familiennamens Erken) nur etwa alle sieben Jahre zurückkam, um mit seinem Reeder abzurechnen. Boy, der Kapitän, war bedächtig und überlegend, Gerret, der Steuermann, aber klug und frech.

Eines Tages lag das Schiff im Hafen von Shanghai, um Reis zu laden. Der Hafen war überfüllt mit wartenden Schiffen, weil die chinesischen Kulis streikten. Doch die Amrumer Schiffsführung wusste sich zu helfen. Der Kapitän machte sich landfein, ließ sich in einer Sänfte zum herrschaftlichen Hof tragen und überbrachte dem dortigen Mandarin die Grüße des preußischen Königs. Der Mandarin war über diese hohe Ehrenbezeugung aus dem fernen Europa aufs höchste erfreut und ordnete am nächsten Tag einem Trupp Soldaten an, das Schiff des Amrumer Kapitäns zu beladen. Auf den anderen Schiffen war man nicht wenig erstaunt, als er nach wenigen Tagen den Hafen voll beladen wieder verlassen konnte und nach Brisbane (Australien) segelte, wo er wegen des Streiks in China einen hohen Preis für die Reisladung erzielte.

Boy Diedrichsen hatte zwar die Grüße des preußischen Königs überbracht, wusste aber nicht, ob es diesen überhaupt gab und wie er hieß.

Die Verschwiegenheit der Porzellanhunde

Aus den Fenstern vieler Häuser an den Küsten von Nord- und Ostsee oder von Wohnstubenschränken schauen Porzellan-Pekinesen in die Welt - stumm, wie es sich für Porzellan gehört. Sie könnten aber eine überaus interessante und delikate Geschichte ihrer Herkunft erzählen.

Nach wochen- und monatelangen Seereisen haben Seeleute oftmals einem Drang nachgegeben, den nur gewisse Damen aus dem ältesten Gewerbe befriedigen konnten. Königin Victoria von England hat diesen Damen aus den Hafenstädten verboten, ihre Liebesdienste für Geld anzubieten. Deshalb behalfen sich die Damen auf andere Weise. Sie erwarben billig in großer Menge diese eher geschmacklosen Porzellanhunde, die sie dann mit entsprechendem Aufschlag an ihre Kunden verkauften. Auf diese Weise kamen mit den Seeleuten diese Hunde dann in die Häuser an der Küste. Wenn die Hunde auf der Fensterbank nach draußen guckten, hielten sie gewissermaßen Ausschau nach ihrem Herrchen. Blickten die Hunde aber nach drinnen, hieß es, das Herrchen ist zu Hause. Ein deutliches Signal für Liebhaber.

Porzellanhunde (Puffhunde) im Fenster eines Amrumer Hauses

Zu Hause waren diese Porzellanhunde dann Mitbringsel für die daheimgebliebenen Frauen, die nicht ahnten, wie ihre Männer in den Besitz der Figuren gekommen waren. Als sie allerdings dann dahinterkamen, waren sie doch verstimmt und so manche Frau soll die Hunde dann angewendet haben, um ihrem Liebhaber zu signalisieren, ob der Ehemann zu Hause ist.

Im Laufe der Jahre wurden dann die Mitbringsel von langen Seereisen so beliebt, dass sie über ihren ursprünglichen Zweck hinaus ihren Weg in inselfriesische Häuser fanden und bald in allen Stuben zum Inventar gehörten.

Ein verlorener Anker

Ältere Kurgäste werden sich noch an den Ausflugskutter „Graf Luckner" des Norddorfer Schiffers Meinhard Boyens (1877 - 1962), genannt Meike, erinnern, der vor dem Krieg und auch noch einige Jahre danach Ausflüge nach Sylt, Föhr, Hooge und den Seehundsbänken unternahm. Die „Graf Luckner" hatte ihren Liegeplatz in Höhe des heutigen Schullandheims „Ban Horn", wo die Passagiere eingebootet wurden. Eines Tages hatte Meike Helmut Meschkat als neuen Schiffsjungen bekommen. Er war ein gutmütiger, hilfsbereiter Junge, der leider einen Sprachfehler hatte, er stotterte.

Eines Tages fuhr die „Graf Luckner" leer von Hörnum nach Amrum. Weil Ebbe war, beschloss der Schiffer, draußen in tieferem Wasser vor Anker zu gehen, um mit der nächsten Flut hereinzukommen. Er befahl deshalb dem Schiffsjungen, den Anker auszuwerfen, während er selbst unter Deck ging, um die Maschine abzustellen.

An Deck rührte sich nichts, kein Anker fiel. „Smiet de Anker ut!", rief der Schiffer von unten, und als nichts geschah, wiederholte er ungeduldig noch einmal seinen Befehl. Da tauchte der Schiffsjunge in der Luke auf. „Dddd-du Mmmm-meike, de Aaaaanker is ..." „Schnack nich so veel, hör op min Kommando!", schnauzte der Schiffer. Der Schiffsjunge setzte noch einmal zu einer Antwort an, wurde aber von Meike mit einem Donnerwetter von der Luke nach vorne gescheucht.

Der Schiffer hörte es Rumoren und Aufspritzen und wendete sich der Maschine zu. Während er noch beschäftigt war, hatte er das Gefühl, dass die „Graf Luckner" weiter mit dem Tidenstrom dahin dümpelte. Er enterte an Deck und fand seine Vermutung bestätigt, das Schiff trieb ohne Anker seewärts.

Ausflugsschiff „Graf Luckner" mit Schiffer Meinhard Boyens

Mit einem Sprung war der Schiffer am Bug, wo der verdatterte Schiffsjunge stand. „Verdammi, wat is hier los?!", bellte der Schiffer und sah im gleichen Augenblick die Bescherung: der Anker war nicht mit der Kette verbunden gewesen, der Schäkel hatte sich gelöst.

„Warum, to'n Düüwel hest du denn blot nix seggt?!" „Dddd-dat www-wul ik ddd-doch de ggg-ganse Tttt-tid, ober ick ddd-durfte jo nnn-nich."

Der Anker lag tief versenkt im Hörnumtief, und da liegt er noch heute.

Marie auf Reisen

Amrum war im Jahre 1890 Seebad geworden. Auf der bis dahin unbesiedelten Südspitze Wittdün war ein Badeort gleichen Namens entstanden. Handel und Wandel begannen sich zu regen. Handwerker und Kaufleute aus den alten Inseldörfern hatte im neuen Ort zu tun, und Fuhrleute beförderten mit Pferd und Wagen mancherlei Sachen hin und her. Auch Frauen und Mädchen aus Süddorf, Nebel und sogar Norddorf fuhren oft mit oder wanderten zu Fuß nach Wittdün, weil es hier Arbeit gab. Es gab aber noch keine feste Straße dorthin, sondern nur eine ausgefahrene Wagenspur.

Auch Marie J. fuhr oder wanderte öfter nach Wittdün. Allerdings nicht, um zu arbeiten, sondern um in der Verkaufsbaracke an der Brücke Schnaps zu kaufen. Sie war nämlich dem Trunk ergeben, und Schnaps war damals in den anderen Inseldörfern nicht leicht zu haben.

Eines Tages hatte Marie sich wieder auf den Weg gemacht, als sie vom Fuhrmann Hinnrich J. überholt wurde. Marie hatte, das sah der Fuhrmann wohl, schon einiges auf Vorschuss getrunken und hielt sich recht unsicher auf der holperigen Straße. Hinnrich wollte ihr einen Gefallen tun und fragte: „Marie, wel dü mäkeer?“ (Marie, willst du mitfahren?) Marie setzte sich rücklings auf die hintere Wagenkante und ließ ihre Beine gemütlich herunterbaumeln. Das Fuhrwerk setzte sich wieder in Bewegung und holperte nach Wittdün.

Es dauerte nicht lange, bis die betrunkene Marie recht unsanft von dem schwankenden Wagen in den Straßengraben fiel und dort liegen blieb. Der Fuhrmann saß auf dem Kutschbock mit dem Rücken zum Passagier und hatte nichts bemerkt.

Aber auch Marie hatte den Vorgang nicht richtig mitbekommen. Als wenig später Jürgen L. mit seinem Gespann nahte und Marie im Graben liegen sah, fragte er besorgt: „Marie, wel dü ei leewer mäkeer?“ (Marie, willst du nicht lieber mitfahren?) antwortete sie: „Uu naan, man föl soonk Jürgen, ik keer dach al mä Hinnrich!“ (Oh nein, aber vielen Dank Jürgen, ich fahre doch schon mit Hinnrich!)

Jagdglück

Bis zum Jahre 1935, als ein neues Jagdgesetz erlassen wurde, waren Jagd und Fischfang auf Amrum für die Inselbewohner frei gewesen. Von dieser Freiheit hatten sie bei jeder sich bietenden Gelegenheit Gebrauch gemacht. Daher gab es um die Jahrhundertwende kaum einen Haushalt, in dem nicht eine Flinte oder zumindest Fallen vorhanden waren. Schon- und Schutzgesetze waren unbekannt. Als Ziel der Jagdlust galt alles, was sich im Revier regte.

Ein besonders eifriger Jäger war Philipp Schau (1852 - 1923). Er hatte oft Kurgäste auf die Seehundsjagd geführt und war daher eine bekannte Persönlichkeit.

Heimkehr von der Seehundsjagd mit Philipp Schau

Eines Tages im Spätsommer war Philipp auf Kaninchenjagd in die Dünen gegangen. Er hatte schon einige Wildkaninchen erlegt, als er im Halm einer hohen Düne einen dunklen Gegenstand entdeckte. Ohne zu zögern legte Philipp an und ließ die Schrotladung mit großem Getöse aus seinem Vorderlader fahren. Er war ein guter Schütze, und auch diesmal hatte er gut getroffen. Das bestätigte ein schmerzvoller Aufschrei hinter der Düne. Was Philipp für ein Wildkaninchen gehalten hatte, war nämlich der Haarschopf eines Kurgastes gewesen.

Ohne sich um den Angeschossenen zu kümmern, den er für tot hielt, rannte Philipp, von Panik ergriffen, aus den Dünen, verriegelte sein Haus, stieg in sein Boot und segelte nach Sylt.

Der Kurgast hatte aber Glück gehabt. Ein Teil der Schrotladung war wohl in die Kopfhaut eingedrungen, Sanitätsrat Ide (1859 - 1947) konnte jedoch Korn um Korn wieder herausholen.

Philipp Schau blieb zwei Wochen verschwunden. Eines Nachts aber kehrte er zurück und klopfte gegen Mitternacht an das Fenster des Bauunternehmers Heinrich Behrens (1864 - 1950) in Wittdün. Schlaftrunken erschien Heinrich am Fenster, und Philipp fragte: „Habt ihr auch einen Toten auf der Insel?“ „Nee, hier ist in letzter Zeit niemand gestorben“, war die Antwort. „Auch kein Mord passiert?“ „Auch nicht“, sagte der Bauunternehmer. Philipp Schau kehrte erleichtert in sein Haus zurück.

Auf Seehundsjagd

Um die Jahrhundertwende bevölkerten hohe und höchste Persönlichkeiten des Adels, des Militärs und der Wirtschaft während der Saison die noblen Hotels des jungen Badeortes Wittdün und entfalteten dort ein fashionables, wilhelminisches Gesellschafts- und Badeleben. Ein Urlaubsvergnügen besonderer Art war die Seehundsjagd, und einheimische Schiffer verdienten sich als Jagdführer zu den Seehundsbänken ein gutes Stück Geld.

Besonders bekannt war der Amrumer Jäger Philipp Schau, dessen Nachkommen noch ein umfangreiches Gästebuch mit Dankeswidmungen von erfolgreichen Schützen aufbewahren.

Unter den hohen Gästen, die von ihm auf die Seehundsjagd geführt wurden, war auch einmal ein Neffe des Fabrikanten Hugo

Stinnes, der in Wittdün zur Kur weilte. Der Gast brannte darauf, einen Seehund zu erlegen, denn diese Tat gehörte damals zum „guten Ton". Jeder wollte gerne ein Seehundfell erbeuten und zu Hause ausstopfen oder als Fußmatte besitzen.

Seehundsjagd mit dem erfahrenen Jäger Philipp Schau

Eines Nachmittags segelte man hinaus zu einer Seehundsbank im Wattenmeer und der Gast kam auch zum Schuss. Leider hatte er, obwohl mit modernsten Waffen ausgerüstet, vom Schießen nicht viel Ahnung. Der Schuss ging offenbar daneben, denn alle Seehunde stürzten nach dem lauten Knall zu Wasser und tauchten unter.

Der Schütze behauptete jedoch, dass er bestimmt getroffen habe und Philipp, der bei erfolgreicher Führung, das heißt bei Erlegung eines Tieres das doppelte Honorar erhielt, erwiderte: „Natürlich haben Sie getroffen, aber der Seehund sinkt erst einmal auf den Grund und taucht erst nach Stunden wieder auf. Morgen früh fahre ich hinaus und hole den von Ihnen erlegten Seehund ab." Der Schütze war mit dieser Antwort zufrieden, und man segelte zurück nach Wittdün.

Philipp hatte einen bestimmten Plan gefasst, um zu seinem doppelten Honorar zu kommen. Gleich im Morgengrauen des nächsten Tages segelte er mit seinem Schiffsjungen hinaus zu einer Seehundsbank, wo einige Tiere lagen. Es gelang, sich heranzupirschen, einem Seehund den Fluchtweg zum Wasser abzuschneiden und mit einem Klaps auf die Nase zu töten. Der Seehund wurde an Bord gebracht, und hier nahm Philipp einen spitzen Marlspieker, stach auf der einen Seite ein kleines Loch und auf der gegenüberliegenden Seite ein größeres. „So“, sagte Philipp zu seinem Schiffsjungen, „das eine ist der Einschuss und das andere der Ausschuss. Du wirst sehen, wie sich unser Jäger freut.“

Seehundsjagd, Urlaubsvergnügen für betuchte Gäste

Der Schiffsjunge hatte staunend Philipps Tun verfolgt, und da er aus gutem Hause stammte, erwiderte er: „Ich lüge dem Herren aber nichts vor.“ „Das ist auch nicht nötig. Dazu habe ich meine Leute“, beruhigte Philipp den Jungen.

Mit dem Seehund an Bord ging es nun nach Amrum zurück. Auf der Brücke stand der gestrige Jagdgast mit einigen Herren im Gespräch. Offenbar unterhielt man sich über den Jagdausflug, denn kaum hatte Philipp Schau angelegt, da sprang der Gast an Deck und rief: „Sehen Sie meine Herren, da ist Schau mit meinem Seehund! Prima getroffen! Hier sind Ein- und Ausschuss!“

Philipp strich sein Honorar ein, dazu ein stattliches Trinkgeld, klopfte seinem Schiffsjungen auf die Schulter und sagte: „Was habe ich dir gesagt, lügen brauchst du nicht, dazu habe ich meine Leute.“

Der versunkene Wachtmeister

Manche altüberlieferten Arten des Jagens und Fischens, die jahrhundertelang von den Amrumern betrieben worden waren, wurden durch neue Jagd- und Naturschutzgesetze nach 1900 verboten

– was allerdings für manche Insulaner kein Grund war, die herkömmlichen Jagd- und Angelmethoden aufzugeben.

Aber man musste doch vorsichtig sein, weil der Wachtmeister, der ab und zu von Föhr herüberkam, ein Auge auf die Tätigkeit der Amrumer warf. Der Wachtmeister hatte vor allem Philipp Schau auf dem Kieker, jedoch noch kein Glück mit seinen Nachstellungen gehabt.

Eines Tages beobachtete der Wachtmeister Philipp im Watt und war sicher, ihn nun beim „hukrin“, einer verbotenen Grundangelmethode, zu ertappen. Schnell entledigte er sich seiner Stiefel,

„Hukrin“, Grundleinenangeln im Watt, heute verbotene Fangmethode

krempelte die Hosenbeine hoch und marschierte schnurstraks auf den Verdächtigen los.

Nun hatte Philipp Schau eine Anzahl von Aalkuhlen im Schlick angelegt, etwa metertiefe Löcher, die von weichem Schlick, von Seegras und Algen überdeckt waren, und gerne als Schlupfwinkel von Aalen aufgesucht wurden.

Wie es der Zufall wollte; der Wachtmeister trat genau in eines dieser Löcher und versank bis über den Bauch darin. Hilflos und unfähig, sich aus dem weichen Schlick selbst zu befreien, begann der Unglückliche um Hilfe zu rufen. Aber Philipp stellte sich taub. Ruhig hantierte er bei seinen Geräten und packte dann bedächtig seine Sachen zusammen, weil die Flut auflief. Das steigende Wasser näherte sich dem Wachtmeister, der nun in Todesangst, immer noch rufend und mit den Armen rudernd, in der Aalkuhle saß.

Philipp schulterte seine Angelgeräte und machte sich auf den Heimweg. Erst im letzten Augenblick machte er Halt, und es schien, als ob er erst jetzt den Wachtmeister in seiner Todesnot entdeckte. Philipp reichte ihm die Hand und zog den völlig verschlickten Hüter des Gesetzes aus dem Loch. Seitdem hat Philipp Schau bei seiner verbotenen Angelei Ruhe gehabt.

Hoheitliche Sprache

Zu den hohen Gästen, die Wittdün besuchten, gehörte auch König August von Sachsen. Er wohnte Mitte der 1920er Jahre, als Könige schon nichts mehr zu sagen hatten, bei Carl Quedens im Hotel „Vierjahreszeiten", war als herzliches Raubein bekannt und benahm sich ziemlich ungeniert.

Als Majestät sich eines Tages Nachmittags verspätete, überlegten seine Kinder, die kleinen Prinzen: „Ick glob, mer fressn unsern Vader sein Guchen uff!"

Da mahnte die Erzieherin: „So etwas tut man nicht, und so spricht man nicht!" Aber die Prinzen taten es doch, und als der König erschien und seinen leeren Teller sah, fragte er: „Wer had'n meinen Guchen uffgefressen?"

Hühner ohne Hähne

Es war kurz vor der Jahrhundertwende. Nicht nur auf der Südspitze der Insel war ein neuer Ort als Seebad entstanden, auch Norddorf entwickelte sich mit Hilfe der Seehospize zu einem Badeort. Während in Wittdün Hotels und Pensionen mit allem derzeitigen Komfort ausgestattet wurden, hatten die Friesenhäuser des alten Norddorf nicht viel mehr zu bieten als Romantik, Ruhe und Gemütlichkeit. Autos und Inselbahn gab es noch nicht.

Allerdings gab es noch andere Lärmerzeuger: Kälber und Hähne. Den Kälbern wurde bei Sonnenaufgang das Maul zugebunden, damit sie nicht blöken konnten. Hähne ließen sich aber nicht so einfach fangen und ruhigstellen, sodass man sich in vielen Häusern entschloss, die Hähne zu schlachten, um die in finanzieller Hinsicht wichtigeren Badegäste nicht zu verärgern. So konnte in Norddorf folgende Geschichte passieren:

Im westlichen Ortsteil „Haag", wo damals nur drei Häuser längs des heutigen „Strunwai" (Strandweg) standen, wurden, da das Seehospiz überbelegt war, zum ersten Mal Badegäste einquartiert. Mit großer Sorge vernahmen die Hausbesitzer auch hier im ersten Morgengrauen das anhaltende Krähen der Hähne. Es wurde kurzer Prozess gemacht, und am nächsten Tag servierte man in den Häusern Hühnersuppe.

Im dritten Haus brauchte jedoch kein Hahn geschlachtet zu werden. Hier wohnte die hochbetagte Kreske Jungbohn. Sie war ledig geblieben und daher den biologischen Zusammenhängen ein wenig entfremdet. Sie hatte Jahr um Jahr ihre Glucke gesetzt und immer Küken gehabt, obwohl es in ihrem Hühnerhof keinen Hahn gab. Die Hähne aus der Nachbarschaft hatten immer das Ihrige zum Bruterfolg von Kreskes Glucken beigetragen.

Auch in diesem Sommer verspürte die Glucke Lust zum Brüten und wurde von Kreske auf ein Dutzend Eier gesetzt. Nach vierwöchiger Brutzeit näherte sich der Zeitpunkt, an dem aus den Eiern eigentlich hätten Küken schlüpfen müssen. Aber nichts geschah. Die Glucke hielt noch eine Woche aus und verließ dann ärgerlich das schon faule Gelege.

Nicht nur die Glucke, auch Kreske wunderte sich über das diesjährige Ausbleiben des Nachwuchses. Und vielleicht wäre diese Geschichte nie an die Öffentlichkeit gekommen, wenn nicht einige Tage später der Tierarzt Bleicken auf dem Weg durch das Dorf am Haus vorbeigelaufen wäre und der Alten, die im Garten arbeitete, „Guten Tag" gesagt hätte.

Kreske beeilte sich, über das Pech in ihrem Hühnerhof zu berichten, und bat um tierärztlichen Rat. Das veranlasste den Tierarzt zu schärferem Nachdenken:

„Gewiss, ein paar Eier sind schon mal unbefruchtet, aber alle?" Die Überlegung ging hin und her. „Sollte es etwa am Hahn liegen?"

Hier ist ein stolzer Hahn dabei

überlegte der Tierarzt weiter. „Vielleicht zu alt oder zu jung?" „Unmöglich, ganz unmöglich", wehrte Kreske ab, „Hähne habe ich noch nie gehabt."

Hochdeutsch - für Amrumer ein Problem

Das friesische Wort „bian" bedeutet auf deutsch nicht nur Bein, sondern auch Knochen und Fischgräte. Bekannt ist die Geschichte einer alten Amrumerin, die ihre Badegäste zum Mittagessen geladen hatte. Sie informierte die Gäste über friesische Tischsitten mit den Worten: „Nimm man bei mit die Hand und lege die Beine man auf den Tisch, das tun wir auch. Und dann gibt es noch etwas hintendrauf“ (gemeint war Nachtisch). „Nem man bi mä a hun an lei a bian man üüb boosel, det du wi uk. An do jaft at noch wat bääft üüb.“

Hochdeutsch für den Warenhandel

Nach dem Aufblühen des Fremdenverkehrs ergab sich zwischen den Einheimischen und den Fremden hinsichtlich der Verständigung manches Missverständnis. Die Amrumer sprachen noch fast geschlossen ihr Friesisch, wovon die Kurgäste kein Wort verstanden. Andererseits beherrschten auch manche Insulaner nur mangelhaft die hochdeutsche Sprache, obwohl diese, begründet auf die Bibel, seit Mitte des 17. Jahrhunderts Kirchen-, Amts- und Schriftsprache war.

Eines Tages kam ein Handelsvertreter mit Bürsten, Besen und anderen nützlichen Haushaltsgeräten zu einer älteren Friesin in Nebel. Sie kaufte verschiedene Kleinigkeiten und fragte dann: „Guter Mann, haben Sie auch Kummer?“ („kumer“ ist das friesische Wort für „Kämme“). Worauf der Händler antwortete: „Liebe Frau, Kummer und Sorgen habe ich genug!“

Hochdeutsch als „Amts“sprache

Noch bis Mitte des vorigen Jahrhunderts dominierte in den Inseldörfern (mit Ausnahme im hochdeutschen Wittdün) das Öömrang, die friesische Sprache der Insel Amrum. Besonders für die älteren Einwohner war deutsch nicht so geläufig.

Zu diesen Älteren gehörte auch der Standesbeamte Hinrich Jessen (1867 - 1954), nebenbei auch Fleischbeschauer bei den damals noch üblichen Hausschlachtungen und in jüngeren Jahren Feuerwehrhauptmann, hauptberuflich aber Schuster. Er wohnte mit seiner Frau Pauline und den Kindern im Haus Nr. 66 (heute das Haus im Uasterstigh 12 mit dem Laeisz-Segler „Pitlochry“ im Giebel) mitten in Nebel.

Hatte sich ein Hochzeitspaar zur Trauung angemeldet, dann geschah die dazu vorgeschriebene Amtshandlung in der guten Stube seines Hauses und förmlich auf hochdeutsch, aber entsprechend dem vertraulichen Umgang der Insulaner per Du.

Hinrich sprach die gewichtige Frage nach dem Ja-Wort nach vorangegangener Belehrung über die Aufgaben und Bedeutung des Ehestandes: „Und so frooge ich Dir, ob Du die hier Anwesende ...“. Aber dann erhielt er eines Tages von höheren Ortes die Anweisung, dass er das Brautpaar nicht einfach duzen könne. Fortan lautete die Frage: „Und so frooge ich Ihnen ...“ Die jüngeren Leute, des Deutschen schon besser mächtig, hatten ihren Spaß an Hinrichs urtümlicher Amtshandlung.

Das „erste“ Hotel

Es war im Jahre 1892. Norddorf war durch den Bau des ersten Seehospizes auf Initiative von Pastor Friedrich von Bodelschwingh gerade Seebad geworden. Da kam ein aus Altona stammender/ Eisenbahnsekretär namens Heinrich Hüttmann (1857 -

Altes Schulhaus in Norddorf, Keimzelle des Hotels „Hüttmann“

1927) als Kurgast nach Norddorf, begann sich für die Entwicklung des alten Friesendorfes zu interessieren und kaufte das leer stehende Schulhäuschen, um hier eine Pension zu errichten.

Die alte Schule war eine kleine Kate mit Reetdach, drei Fenstern nach Süden, einem unförmigen Schornstein auf dem First und einer Bodenluke im Dach. Die Tür war so niedrig, dass sich der hochgewachsene dänische König anlässlich einer Schulvisite im Jahre 1842 den Kopf an einem Balken stieß und später eine Geldsumme schickte, damit die Tür erhöht werde, was aber damals unterblieben war.

Heinrich Hüttmann teilte nun den Klassenraum mittels „spanischer Wände" in vier Zimmer und sandte vielversprechende Prospekte durch das deutsche Vaterland. Darin hieß es unter anderem: – „Das erste Hotel am Platze ..."

Die ersten Gäste kamen, hochgestellte Herrschaften, nämlich Major von Marwitz und Oberzollrat Franke, beide mit Familie. Ein Pferdefuhrwerk hatte sie von Steenodde, wo die Reisenden an Land gesetzt wurden, nach Norddorf gebracht und machte nun vor der kleinen Kate Halt.

Verwundert stiegen die Gäste vom Wagen und spähten nach der Fassade eines „Ersten Hotels" aus, nicht ahnend, dass sie direkt davor standen.

Heinrich Hüttmann, eigentlich nicht schüchtern und stets zu derben Späßen aufgelegt, hielt sich im Garten auf und überließ seiner Frau den Empfang. Zunächst gab es eine allgemeine Empörung, aber die Gäste zogen doch notgedrungen in das „Erste Hotel", weil es ein „zweites" nicht gab - und damit war die Formulierung im Prospekt durchaus korrekt.

Dank der Betreuung durch das Ehepaar Hüttmann gefiel es den beiden Familien dann aber doch so gut, dass sie Jahr um Jahr wiederkamen, um in der Pension Hüttmann zu wohnen. Sicherlich trug dazu auch die Tatsache bei, dass in Norddorf weniger als in Wittdün, wo das gesellschaftliche Leben dominierte, auf die Gebote der Etikette geschaut wurde.

Mit dem gemütlichen Leben in der kleinen Pension Hüttmann war es aber später vorbei. Aus dem kleinen ehemaligen Schulhaus

Seepensionat Hüttmann

entstand im Laufe der Jahre im Wettbewerb mit dem „Christlichen Seehospiz“ ein umfangreiches Hotelgewese.

Badeleben anno dazumal

In der Anfangszeit des Fremdenverkehrs war das Badeleben geprägt von heiteren Erscheinungen. In Wittdün wurde das Badepublikum mittels Badekarren in die Nordsee befördert. Ein Pferd zog den Karren so tief ins Wasser, bis die Wellen um die Radachsen rauschten und trottete dann wieder an Land. Am seewärts gewandten Karren öffnete sich eine Tür und „ratsch“ fiel eine Jalousie herab, die etwa einen Quadratmeter Nordsee umfasste und den Badelustigen vor den neugierigen Blicken des Publikums am Strande verbarg. Die Wittdüner Badeanleitung empfahl dann den Damen, sich mit einer Art „Hofknicks“ dem nassen Element anzuvertrauen.

Den Herren riet die hohe Kurverwaltung, „wie die Grenadiere beim Feuern in der ersten Angriffsreihe in die Knie zu fallen“. Nun konnte aber nicht unbeschränkt und munter drauflos gebadet werden. Fünf, sechsmal eingetaucht und das Bad war laut Vorschrift beendet. Die Badeleute verschwanden wieder im Karren,

Badekarren Anno dazumal - ein originelles „Verkehrsmittel“ für den Weg in die Nordsee, befördert mit einer PS

machten sich landfein und setzten eine Signalflagge. Ross und Reiter traten wieder in Aktion und retteten Karren und Badegast an Land.

Natürlich waren Damen- und Herrenbad voneinander getrennt. Mindestens 150 Meter, möglichst aber 500 Meter war die Vorschrift. Streng waren auch die Strafandrohungen für solche, die einfach irgendwo von der Badelust übermannt in die Nordsee sprangen. 30 Mark kostete dieser Verstoß gegen Sitten und Ordnung. Die Vollpension mit Hummermenue im „Kaiserhof“ (heute Berlin-Wilmersdorfer Nordseeheim) kostete 2,75 Mark pro Tag - zum Vergleich, wie hoch und hart die Strafe von 30 Mark war.

Streng war auch die Trennung von Damen- und Herrenbad. Knaben über acht Jahren durften nicht mehr mit der Mutter baden, sondern wurden zum Herrenstrand verwiesen. Auch die Badeanzüge, viele Jahre mit Streifen wie bei Sträflingen gekennzeichnet, waren vorgeschrieben. Sie mussten vorne und hinten viel Luft aufweisen, um keine männlichen und weiblichen Körpermerkmale zu betonen. Erst im Jahr 1903 wurde in Wittdün das „Familienbad“ gegründet, für Junggesellen und Herren mit Fotoapparat aber noch lange verboten.

In Norddorf, wo das Badeleben vom Christlichen Seehospiz bestimmt wurde, kam das „Familienbad“ erst 1925 zustande, als ein frecher Regierungsrat aus Kassel sich von der Ehefrau nicht mehr trennen lassen wollte und mit derselben ins Wasser sprang. Es gab erhebliche Proteste, auch aus akademischen Kreisen, aber dann wunderte man sich doch bald über die Harmlosigkeit des Familienbades und „weshalb diese Einrichtung nicht schon längst am Strande üblich sei?“

Als ebenso harmlos, ja geradezu unerotisch, erwies sich die nach dem zweiten Weltkrieg aufkommende Freikörperkultur. Nacktbaden, das mit Schwabbelbusen und -hintern keineswegs dazu angetan war, unsittliche Begierden zu erregen, sondern eher die verzweifelte Frage stellen ließ, was sich die Natur eigentlich bei diesem Menschenbild gedacht hat.

Das Badeleben um 1900 im sittsamen Kaiserreich war allerdings ein weitgehend gesellschaftliches Ereignis. Fein gekleidet im Sonntagsstaat promenierten die Badegäste auf den Strandpromenaden, standen konversierend unter Sonnenschirmen und trafen sich abends zu Reunion oder Table d`Hôte in einem Festsaal. Größere Hotels in Wittdün boten auch ein klassisches Konzert mit angereisten Musikern.

Strandkleidung in der guten alten Zeit

Im Übrigen war die bis zu 16 Mann starke Kurkapelle fast den ganzen Tag im Einsatz, spielte in Wittdün im Musikpavillon oder draußen an der Halle auf dem Kniepsand. Ein Prospekt jener Tage verrät, dass „man den wohlklingenden Weisen sein geneigtes Ohr leihen kann".

Aber ganz anders in Norddorf! Hier strebte die Westfälische Diakonissenanstalt mit ihren von Pastor Bodelschwingh gegründeten Seehospizen einen besinnlichen Urlaub in Verbindung von Natur und Gottesdienst an. Ein Prospekt jener Jahre verrät: „Keine Kurkapelle stört die Ruhe!"

Badewärter Jensen greift ein

In den ersten Jahrzehnten des Amrumer Badelebens waren die Baderegeln der seinerzeitigen Moral entsprechend ziemlich streng, vor allem in Norddorf, wo die Badekonzession dem Christlichen Seehospiz gehörte. Noch bis 1931 badeten Damen und Herren räumlich, ja, anfangs sogar noch zeitlich voneinander getrennt.

Wenn die Damen Badezeit hatten und zu Wasser gingen, wurde eine rote Flagge gehisst - ein Signal für die Herren, sich von ihrem Strand, dem Herrenbad, zu verziehen. Und nicht genug damit! Um das Badeleben der Damen gegen verbotene Neugier zu schützen, eilte ein Strandwärter am Dünensaum entlang und vertrieb jene Herren, die mit einem Fernglas bewaffnet auf die badenden Damen spähten. Zu sehen gab es allerdings nichts, außer in karnevalartige Kostüme eingehüllte, mehr oder weniger schlanke Weiblichkeit.

Um 1925 herum war der frühere Kapitän Broder Jensen aus Norddorf Bademeister am Herrenstrand. Und da sah er eines Tages, als sein Blick über die in der Brandung auf und ab hüpfenden Männer schweifte, etwas Unerhörtes: Eine Damenbadekappe mit dazugehörendem Kopf! „Hallo, Sie da!" rief der Bademeister und schwenkte aufgeregt seine Mütze, „kommen Sie sofort heraus!"

Es dauerte eine ganze Zeit, ehe die Angerufene reagierte und protestierend aus der Brandung stieg.

Nun sah Broder Jensen, dass es gar keine Dame war. Die dürren, behaarten Beine und sonstigen Proportionen verrieten dies sofort. Der betreffende Herr hatte sich eine Damenbadekappe aufgesetzt - für Herren gab es solche scheinbar nicht -, um eine Kriegsverletzung am Kopf zu verhüllen. Die Lage war geklärt, die Moral gerettet und der besagte Badegast durfte wieder ins Wasser.

Heuler-Handel

Heuler werden die kleinen, neugeborenen Seehunde genannt, die im Juni/Juli am Inselstrand an Land kommen, den Anschluss an die Mutter verloren haben und vor Hunger und Einsamkeit heulen. Natürlich erregen sie sofort die Aufmerksamkeit und das Mitleid der Badegäste.

Conrad Matzen, um 1925 Badewärter in Wittdün

So auch eines Tages am Wittdüner Strand, wo der Bademeister Conrad Matzen seines Amtes waltete. „Cunje" nahm das Tier in die Arme und überlegte, ob er von dessen Fell einen Bettvorleger oder eine Handtasche machen lassen sollte, als auch schon die ersten Badegäste aufmerksam wurden und herancilten. „Ach Gott, wie süß!" und „Was machen Sie nun mit dem Tier?" fragte und rief es aufgeregt durcheinander. Conrad Matzen antwortete ungerührt: „Der wird geschlachtet", so, wie es auf Amrum im Zuge der rigorosen Naturnutzung üblich war. Empörung und Entsetzensrufe waren die Antwort und sofort rief jemand zu einer Spendenaktion auf. „Wir kaufen Ihnen das Tier ab und Sie lassen den Seehund dann wieder schwimmen!"

Conrad Matzen witterte ein Geschäft und meldete Zustimmung. Eine Mütze wurde herumgereicht und es kam ein ansehnlicher Betrag zusammen. Cunje setzte den Heuler wieder ins Meer und die Badegäste zogen, beglückt über eine Rettungstat, davon.

Aber wie das mit verwaisten Jungtieren so geht. Keine Viertelstunde später robbte der Heuler wieder an Land und der Bademeister hatte den kleinen Seehund wieder im Arm. Das vorherige Frage- und Antwortspiel wiederholte sich und wieder ging eine Sammelmütze herum ...

Es ist nicht überliefert, wie oft Conrad Matzen den kleinen Seehund „verkauft" hat. Alle Beteiligten, Seehund, Bademeister und Badegäste, hatten zum Schluss Glück. In der Nacht fand sich die Mutter ein und holte ihr Jungtier vom Strand wieder ab, so, wie die Natur es vorgesehen hat.

Heute werden die Seehunde zur Aufzuchtstation gebracht, aufgepäppelt und später „ausgewildert", aber es wächst auch die Erkenntnis, dass junge Seehunde am Strand keineswegs verloren gingen, sondern nur zum Ruhen dort abgelegt wurden. Erst durch „Rettungsmanie" der Menschen werden sie zu Heulern gemacht. Auf Amrum ist diese Erkenntnis dank des früheren Seehundsjägers und -hegers Hans Petersen am deutlichsten gediehen und ein Heuler am Strand wird erst einmal tagelang beobachtet.

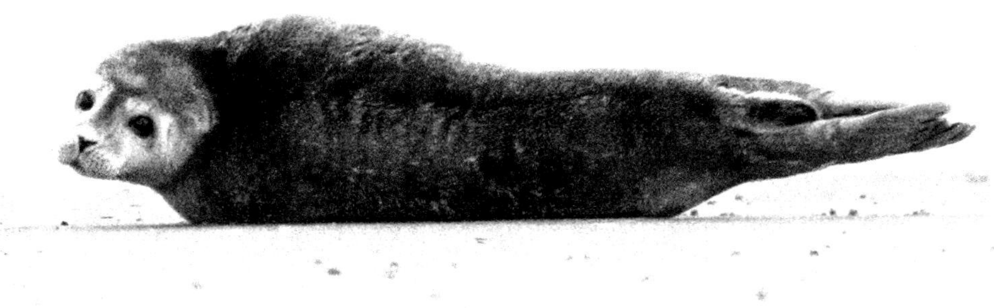

... in Wittdün drei Kapellen

Es war in den ersten goldenen Jahren des jungen Badeortes Wittdün, der zwischen seiner Gründung im Jahre 1890 bis in die ersten Jahre nach 1900 eine Blütezeit unter dem Badedirektor Heinrich Andresen erlebte. Herrschende Kreise und gewichtige Persönlichkeiten gaben dem Ort als Kurgäste die Ehre, darunter Prinz Heinrich und Prinzessin Irene von Preußen, die mit Musik empfangen wurden.

Empfang von Prinz Heinrich von Preußen und Prinzessin Irene - 1913

Die 15köpfige Musikkapelle war fast ununterbrochen auf den Beinen, spielte im Musikpavillon vor dem Kurhaus und abends zum Tanz zu den Reunions.

Montags aber hatten die Musiker Ruhetag, und just an einem solchen Tag traf der Regimentsleutnant Schlewitz aus Potsdam ein, um im „Kaiserhof" (heute Berlin-Wilmersdorfer Nordseeheim) Quartier zu nehmen. Bagage und sonstige Formalitäten waren bald erledigt, sodass noch Zeit für einen ersten Spaziergang auf der langen Holzpromenade blieb.

Es war fast windstill, jegliches Meeresrauschen verstummt - eine Ruhe, die für den Leutnant aus der Großstadt ungewohnt, ja schließlich unheimlich war. So steuerte er kurzentschlossen auf den Bademeister Conrad Matzen zu, der gerade damit beschäftigt war, die Badekarren auf den Strand zu ziehen. „Saagn Se mal, jiibts hia denn keene Kapelle?“, fragte der Leutnant. „Doch“, antwortete Conrad Matzen, „sogar drei.“ „Drei Stück!? Donnawetta, für so'n kleenet Kaff?“ „Ja“, fuhr der Bademeister fort, „eine evangelische, eine katholische und eine Kurkapelle.“

Ein Badegast läuft um sein Leben

Es war Herbst und die Saison klang aus. Der Bademeister Conrad Matzen (1861 - 1951), der zugleich Strandhüter war, hatte von Heinrich Andresen, dem Direktor der Badedirektion Wittdün, den Auftrag bekommen, Badekabinen und sonstige Einrichtungen vor den baldigen Herbststürmen zu bergen.

Nun saß er mit seinen Werkzeugen auf dem Kniepsand. Nur ein paar Badegäste liefen noch herum, letzte Einzelgänger. Einer kam dicht beim Bademeister vorbei und erkundigte sich nach der Zeit. Conrad griff in seine Tasche, fand dort aber nur ein paar rostige Nägel und erinnerte sich, dass seine Uhr in der Jacke in einer nahen Badekabine lag. Er enterte in die Kabine, wo sich auch das Werkzeug befand. Er fingerte seine Uhr heraus und nahm auch eine Axt mit, die er gleich für seine Arbeit brauchen musste.

Der wartende Badegast verstand die Sache aber falsch. Er sah die Axt in der Hand des Bademeisters, erinnerte sich daran, wie die Amrumer in früheren Jahrhunderten mit den Schiffbrüchigen umgegangen waren und flüchtete, um sein Leben bangend, über den Kniep zurück nach Wittdün.

Conrad Matzen, bestrebt, dem Gast mit der Uhrzeit zu dienen und in der Hoffnung auf ein Trinkgeld, lief hinterher. So eilten beide über den Kniep. Conrad rief dem Gast mit lauter Stimme hinterher und winkte, mit der Axt noch in der Hand. Der Gast glaubte, dass der Bademeister ihn mit der Axt bedrohte, und

Todesängste beflügelten seine Schritte. Conrad gab schließlich auf und kehrte verwundert an seine Arbeit zurück.

Unheil auf Umwegen

Im alten Amrum war der Aberglaube in der Inselbevölkerung weit verbreitet. Noch Ende des 17. Jahrhunderts hat der Pastor David Monrad (1655 - 1694) in einem Kirchenbuch manches über die Wahrsagerei notiert. Lange Zeit glaubte man noch an Hexen, die vor allem dem Vieh und kleinen Kindern Schaden zufügten, und es wurden mancherlei Regeln ersonnen, um Hexen, die sich immer in jungen Mädchen oder Frauen verbargen, abzuwehren.

Manchmal richteten Hexen auch über seltsame Umwege Unheil an. Es lag nämlich in Nebel ein Mann seit längerem krank, und niemand konnte ihm helfen. Eines Tages fiel dem Müller, der in seiner Mühle auf der Anhöhe bei Nebel arbeitete, eine dunkel gekleidete Frau auf, die über die Heide zu den Dünen ging. Er erinnerte sich, dass diese Frau den Weg schon oft gegangen war und schlich neugierig hinterher. Die Frau machte sich in einem Tal zu schaffen und ging bald darauf wieder ins Dorf zurück.

Nun grub der Müller im Sand nach und fand ein Männchen, aus Wachs geformt, mit einer Stecknadel im Herzen. Der Müller zog die Nadel heraus und nahm das Wachsgebilde mit nach Hause, um es zu verbrennen. Der kranke Mann aber wurde bald darauf gesund und blieb es bis an sein Lebensende. Über eine Puppe oder ähnlicher Ersatzfigur anderen Menschen Schmerzen zuzufügen war und ist auch in anderen Völkerschaften verbreiteter Aberglaube.

Enträtselter Diebstahl

In einer wilden Kriegszeit lebte ein Schlachter auf Amrum und hatte viel zu tun. Er konnte es zuletzt nicht mehr schaffen und nahm den Sohn einer Nachbarsfrau als Gehilfen an. Zu diesem hatte er bald so viel Vertrauen, dass er ihm einen Ort zeigte, wo ein paar hundert Taler verborgen lagen.

Der Sohn konnte das ihm anvertraute Geheimnis jedoch nicht für sich behalten und erzählte seiner Mutter davon. Beide bekamen ein großes Verlangen nach dem Geld und beschlossen, es zu stehlen. Als anderntags eine Kuh geschlachtet wurde, kam die Mutter und bat um Fleisch. Der Sohn entwendete das Geld und legte es auf den Boden des Topfes und reichte diesen mit Fleisch gefüllt wieder heraus.

Nach einigen Tagen entdeckte der Schlachter den Verlust, und sein Verdacht fiel gleich auf seinen Gehilfen. Aber der schwor Stein und Bein und wollte sich verfluchen, wenn er der Dieb gewesen sei.

Nun wohnte gerade zu dieser Zeit in Morsum auf Sylt ein Zaubermeister, der Diebe entdecken und zur Herausgabe des Diebesgutes bringen konnte. Die Frau des Schlachters reiste nach Morsum, wo der Zauberer sogleich zu hantieren begann. Er legte eine Schere und einen Schlüssel in ein Sieb und setzte dieses auf ein Wassergefäß. Darauf sprach er eine Zauberformel und die Frau musste nun die Namen aller Verdächtigen nennen. Zuerst nannte sie die Namen unbescholtener Nachbarn, aber als sie den Namen ihres Gehilfen und seiner Mutter aussprach, begannen Schere und Schlüssel zu tanzen, und im Wasser spiegelte sich deutlich ein Bild von den beiden, wie sie das Geld stahlen.

Das Geld konnte der Zaubermeister aber dennoch nicht wieder herbeischaffen, denn bevor noch die Schlachtersfrau wieder auf Amrum ankam, waren die Diebe von der Insel geflohen.

Das unheimliche Amrum

Es war im Januar des Jahre 1873. Der Bauernvogt Wögens von Föhr hatte einem dortigen Handwerksburschen erlaubt, für einen Tag nach Amrum zu gehen. Nun machte sich der Bursche von Utersum aus über das zugefrorene Watt auf den Weg. Aber die

Bootsschuppen der DGzRS, später Zeltlager der Grenzlandjugend

Strecke war doch länger, als sich der Handwerksbursche gedacht hatte. Eiswälle und Risse im Eis, die dunkles, gurgelndes Wasser aus unbekannten Tiefen zeigten, behinderten die Wanderung des Mannes, sodass er erst bei völliger Dunkelheit das Ufer von Amrum erreichte.

Der Handwerksbursche konnte kaum die Hand vor Augen sehen und folgte deshalb dem Ufersaum in der Hoffnung, bald ein Haus zu finden. Aber anstatt südwärts zu laufen, wo er bald nach Norddorf gekommen wäre, wandte er sich nach Norden, umrundete die Odde und wanderte am Westrande zurück, immer nach einem menschlichen Anwesen ausspähend. Nach stundenlangem Marsch sah er endlich an der Dünenkante ein Haus, lief erleichtert darauf zu und klopfte an. Es war der Schuppen „Baatjes Stich", wo das Rettungsboot lag, aber von Menschen keine Spur.

Der Handwerksbursche konnte sich vor Müdigkeit kaum noch auf den Beinen halten, zwang sich aber zum Weiterwandern und stieß nach einiger Zeit auf eine Wagenspur, die vom Strande aus in vielen Windungen durch die Dünen führte und sich schließlich teilte.

Unschlüssig blieb der Mann eine Weile stehen und folgte dann der rechts abzweigenden Spur. Bald darauf kam er zu einer festungsartigen Anlage, die von einem breiten Graben umgeben war. Er betrat diese Anlage über eine schmalen Steg und stand hier wieder vor einem Haus. Erwartungsvoll klopfte er, aber es rührte sich nichts. Es war das Häuschen des Kojenwärters, der das Haus verlassen hatte und sich nur während der Fangzeit tagsüber hier aufhielt.

Aber gleich daneben lag ja noch ein Haus. Der Bursche eilte dahin und prallte erschrocken zurück, denn drinnen erhob sich ein furchtbarer Lärm - das wilde Schnattern der aufgeschreckten Lockenten, die abgerichtet waren, um die Wildenten in die Reusen zu locken. Der Handwerksbursche war dem Zusammenbruch nah, aber in dieser unheimlichen Gegend wollte er nicht bleiben und eilte nordwärts weiter.

Kojenhaus mit dem Kojenwärter Andreas (Deesch) Martens

Nach einer knappen Stunden erreichte er wieder ein einzelnes Haus und klopfte zaghaft an. Keine Antwort. Der Bursche drückte die Klinke und fand die Tür unverschlossen. Vorsichtig trat er ein und tastete sich durch die Diele in den Vorraum. Das erste Morgengrauen warf bereits ein gedämpftes Licht in die Stube - und der Handwerksbursche bekam einen furchtbaren Schreck! Denn unmittelbar vor seinen Augen entdeckte er einen offenen Sarg mit einer Leiche. - Es war die alte Mantje, die vor einigen Tagen gestorben war und wegen des gefrorenen Bodens noch nicht hatte beerdigt werden können.

Dem Handwerksburschen grauste, und er zog sich schnell wieder zurück. Endlich fand er den Ausgang und sah nun „Gottlob!" ein Dorf, nämlich Norddorf, in der Morgendämmerung liegen. Erleichtert eilte er in das nächstliegende Haus und klopfte energisch an. Aber wieder Totenstille. Auch dieses Haus hatte um diese frühe Zeit keine Bewohner, es war das Schulhäuschen. Aber ein Stückchen weiter, da brannte hinter einem Fenster ein Licht! Mit letzter Kraft lief er darauf zu und hatte diesmal Glück. Es war die kleine Gastwirtschaft von Wilhelm Roluf Peters (1810 - 1873), der Kröger und Bauernvogt in Norddorf war.

Der Handwerksbursche trat ein und brach erschöpft auf einer Bank zusammen. Der Wirt brachte etwas zu essen und zu trinken und besah sich das Wanderbuch, während sich der Bursche erholte. Da die Zeit abgelaufen war, empfahl der Wirt ihm, gleich mit dem Postboten Michel Bertelsen (1800 - 1885) über das Eis nach Föhr zurückzugehen, was dieser trotz seiner Erschöpfung gerne tat. Amrum mit seinen leeren und toten Häusern war ihm nicht geheuer.

Insel der Frauen

Jahrhundertelang herrschte auf Amrum ein großer Frauenüberschuss. Das lag daran, dass die jungen Männer in Berufen tätig waren, die sie von der Insel wegführten. So die Heringsfischerei um Helgoland im 15. und 16. Jahrhundert, der Walfang im Eismeer und die Handelsseefahrt auf allen Weltmeeren im 17. und 18. Jahrhundert. Hinzu kam, dass die Seefahrt in jener Zeit mit vielen Gefahren verbunden war und eine erschreckend hohe Todesrate aufwies. Stürme, Strandungsfälle, Seeräuber und tropische Krankheiten rafften ganze Schiffsbesatzungen hinweg.

So war es kein Wunder, dass es in jener Zeit auf Amrum viele junge und alte Mädchen ohne Aussicht auf einen Ehemann gab. Aber es gab auch zahlreiche Witwen jeglichen Alters, die ihren Mann auf See verloren hatten.

Auch noch im 19. Jahrhundert blieben Männer Mangelware, denn kaum aus der Schule oder Lehre entlassen, wanderten die meisten nach Nordamerika aus. Zeitweilig stand zehn Frauen im heiratsfähigen Alter nur ein einziger Mann zur Verfügung, und dieser Zustand machte sich in manchen Spottversen Luft. So hieß es beispielsweise:

„Auf Amrum ist großer Mangel an Männern,
Die Mädchen wie die Bienen schwärmen,
Gott schaffe Männer für die Ärmsten …"

Die Insulanerinnen spähten nach jeder Gelegenheit aus, und dann und wann wurden die Gebete erhört. So auch um die Mitte des 19. Jahrhunderts, als Blankeneser Fischer mit ihren Kuttern in größerer Zahl vor schlechtem Wetter Schutz suchten und in der Hafenbucht unter Steenodde vor Anker gingen. Die Fischer waren nicht wenig überrascht, als wenig später die Inselmädchen von allen Seiten herbeieilten, um die Fischer zunächst zum Tanz in die „Hoffnung" in Nebel und später in den Hafen der Ehe zu bitten.

Die Blankeneser oder die „Blanken", wie man sie auf Amrum kurz nannte, waren eigentlich nur zufällig bei Steenodde vor Anker gegangen. Ein Unwetter hatte die Fischer Tobias Schuldt und Claus Meyer von See in den Schutz der Insel vertrieben. Beide ließen nun keine Gelegenheit aus, ihren Kameraden von dem Frauenüberschuss und augenzwinkernd und zweideutig von ihren Abenteuern auf der „Traueninsel" zu berichten.

Immer öfter sahen sich die Blankeneser nun genötigt, in der Amrumer Hafenbucht Schutz zu suchen und zeitweilig lagen dort über 50 Kutter vor Anker. Der Wirt der „Hoffnung" hatte alle Hände voll zu tun, während ein Musikus mit einer Fidel zum Tanz aufspielte.

„Auf Amrum ist großer Mangel an Männern"

Aber nicht alle Blankeneser Fischer kamen nach Amrum. So zum Beispiel Jörn Lütjens, der den Ewer FB15 fuhr. Seine Frau redete ständig auf ihn ein, sich und seinen Sohn nicht unnötig in Gefahr zu bringen, denn „wer weiß, was das auf dieser Strandräuberinsel für Weiber sind? Bestimmt nicht solche Deerns wie hier in Blankenese!"

Aber der Sohn lag dem Vater ständig in den Ohren und Jörn beschloss nun, es doch einmal zu wagen. Heimlich wurden der Friseur aufgesucht und neue Kleider an Bord gebracht. Diese Aufrüstung blieb dem wachen Auge der Fischersfrau jedoch nicht verborgen. Die Kleider wurden von Bord geholt und Jörn musste schwören, dass er die Insel nie betreten werde - was er dann auch nicht getan hat.

Noch heute erinnern die typischen Blankeneser Familiennamen Schuldt, Meyer, Breckwoldt, Grönwoldt, von Ehren und andere an die Invasion der Fischer aus dem Ort vor den Toren von Hamburg.

Abwechslung macht das Leben lebenswert

Ketel und Joane wohnten in einem kleinen Haus in Nebel in bescheidenen Verhältnissen. Doch Ketel wusste, wie man den Alltag mit etwas Abwechslung beleben konnte, und nutzte jede Gelegenheiten dazu. Wieder einmal war es Frühjahr, und die Kater fauchten auf dem Dach. Ketel hatte seine Katze auf dem Dachboden eingesperrt, doch ein Kater hatte einen Einschlupf durch das verwitterte Reetdach gefunden und Ketels Katze besucht. Als der Hausherr dies entdeckte, dachte er bei sich: „Dich will ich wohl kriegen!" Er war Meister im Schlingenstellen beim Kaninchenfang und setzte eine Schlinge vor den Einschlupf.

Am nächsten Morgen guckte er gleich hinauf auf den Dachboden, ob dort ein Kater hing. - Ja! Da war ein großes Biest in die Falle gegangen. Ketel ließ den Kater hängen, ging hinunter in die Küche und setzte sich still und ernst an den Tisch. Joane fragte etwas, aber Ketel antwortete nicht. Noch fiel Joane nichts auf. Aber als sie auch bei der nächsten Frage ohne Antwort blieb, schaute sie ihren Mann an und bemerkte, dass ihn offenbar etwas bedrückte. „Ketel", fragte sie nun, „was ist mit dir?"

Ketel schwieg aber immer noch, um Joanes Neugier zu steigern. „Ketel!", sagte sie nun energischer werdend, „sag mir, was mit dir los ist!" „Ich mag es eigentlich gar nicht erzählen, aber es bleibt mir wohl nichts anderes übrig. Auf unserem Dachboden hat sich jemand umgebracht." Joane bekam eine bösen Schreck. „Wer ist es?!", fragte sie. „Es ist einer von unseren Nachbarn", erwiderte Ketel. „Oh, nein, oh nein!", jammerte Joane. „Ketel, nimm meine Hand, wir müssen hinauf auf den Dachboden!"

Als Joane nun sah, dass dort nur ein Kater hing, glühte die Wut in ihren Augen. Sie sah Ketel an und verschwand, ohne ein Wort zu sagen, wie ein Blitz hinunter. Ketel freute sich, dass er wieder ein bisschen Abwechslung in den Alltag gebracht hatte. Diesmal war er aber zu weit gegangen. Das merkte er spätestens beim Mittagessen, als ihm nur Milch und Brot vorgesetzt wurde. Nicht anders war es am nächsten Tag. Schließlich ging Ketel hinüber zum Krämer. Er kaufte einen Bückling für Joane, um sie wieder versöhnlich zu stimmen.

Kopfarbeit

Die nachfolgende kleine Geschichte soll davon erzählen, dass Leute, die mit dem Verstand arbeiten, nicht zu hungern brauchen, wenn sie ihre Sache nur richtig verstehen.

Um Anno 1820 herum und etwas früher lebte in Süddorf ein Mann namens Girre. Er war klug und arbeitete lieber mit dem Kopf als mit den Händen. Er hatte eine eigenartige Ansicht über Gott und die Welt und war der Meinung, dass alle Dinge allen gehörten. So war es kein Wunder, wenn er gelegentlich Mein und Dein miteinander verwechselte.

In der selben Zeit wohnte in Nebel der Schiffer Peter Peters, der mit seinem kleinen Frachter Güter von Husum nach Amrum beförderte. Auf Amrum gab es noch keine Landungsbrücke. Die Frachter ließen sich bei „Ual Aanj“ trocken fallen und die Ware wurde dann bei Niedrigwasser mit Pferdefuhrwerken gelöscht. Dort hatte Peter unter einer kieloben liegenden Jolle stets ein Paar Stiefel versteckt, die er benutzte, wenn er an Bord ging.

Als Peter nun eines Tages wieder nach Husum fahren wollte, waren die Stiefel verschwunden und der Schiffer genötigt, barfuß durch den Schlick zu seinem Schiff zu waten. „Das hat kein anderer als dieser verdammte Girre getan“, sagte Peter noch zu den Leuten an Land und segelte nach Husum ab.

Es dauerte nicht lange, da wurde dieser Ausspruch Girre hinterbracht. Dieser hatte tatsächlich die Stiefel entwendet, war aber dennoch äußerst erbost, dass Peter ihn öffentlich einen Dieb nannte. Nun überlegte Girre, was zu tun oder zu lassen sei. Peter war in Husum, sein Frau Inge allein zu Hause. Vom Pastor hatte er einen abgelegten Frack und einen Zylinderhut geerbt. Nun zog er ersteren an und setzte letzteren auf sein Haupt, ergriff den Spazierstock und machte sich auf den Weg nach Nebel.

Inge fiel vor Schreck fast in Ohnmacht, als Girre in diesem feierlichen Aufzug das Haus betrat und streng fragte: „Wo ist dein Mann Peter?“, wohl wissend, dass dieser in Husum war. „Ist was mit Peter passiert?“, jammerte Inge.

„Ja“, erwiderte Girre, „er soll mit mir zu Gericht!“ „Was? Zu Gericht? Ach, Girre, tu das doch nicht!“, schluchzte Inge, „Du bekommst auch einen Schinken, wenn du ihn in Ruhe lässt!“ „Einen Schinken?“, fragte Girre, „ich glaube nicht, dass der Schaden damit gutzumachen ist!“

„Dann gebe ich dir auch noch vier Mettwürste dazu, wenn's damit getan ist!“

Girre kratzte sich hinter dem Ohr und ließ sich dieses Angebot durch den Kopf gehen. Ja, damit konnte man wohl zufrieden sein. Inge beeilte sich, den Schinken und die Würste zu holen. Girre schulterte den Spazierstock, hängte die guten Gaben daran und wanderte mit zufriedenem Gesicht nach Süddorf zurück.

Am Mühlenberg traf er einen Dorfnachbarn, der sich nicht wenig wunderte und neidisch auf den Schinken und die Würste war. „Wie kommst du denn zu so viel Geld, dass du dir solche herrlichen Sachen kaufen kannst?“

„Du großer Stoffel“, dachte Girre und erwiderte laut: „Geld und kaufen? Ich brauche kein Geld und ich brauche nichts zu kaufen, ich arbeite mit meinem Verstand.“

Pastor und Bauer

Auf dem Wege zwischen Nebel und Süddorf begegneten sich Pastor Mechlenburg (1799 - 1875) und der Bauer Martin Köster (1843 - 1930). Letzterer war auf der Suche nach einer Magd für sein bäuerliches Anwesen und kam mit dem Pastor ins Gespräch: „Hat nicht der Pastor vor einiger Zeit gepredigt: Wer zwei Hemden hat, der gebe dem, der kein Hemd hat?"

Pastor Mechlenburg bejahte das und Martin fuhr fort: „Ich suche dringend eine Dienstmagd, und da im Pastorat zwei Mägde sind, bitte ich, mir nach Gottes Wort davon eine abzugeben."

Aber Pastor Mechlenburg winkte entschieden ab: „Ich habe wohl gesagt, dass ihr von zwei Hemden eines abgeben sollt, aber von meinen Mägden war nicht die Rede."

Von Schmugglern keine Spur

Um die Wende vom 19. zum 20. Jahrhundert und noch später, vor allem in den Jahren nach dem Ersten Weltkrieg, blühte auf Amrum der Schmuggel. Mit ihren kleinen Segeljollen wagten sich die Insulaner hinauf nach Dänemark, um Butter und Damenstrümpfe zu holen, oder hinab nach Helgoland, um Schnaps zu „importieren". Den hier und da lauernden Zollkreuzern wichen die Schmuggler dadurch aus, dass sie mit ihren kleinen Booten über Untiefen segelten, wohin die größeren Zollschiffe nicht folgen konnten. So war es kein Wunder, dass zeitweise Dutzende von Zollbeamten auf Amrum stationiert waren, um den Strand, die Häfen und auch die Krämerläden unter Beobachtung zu halten. Manche Zöllner wandten die ganze Strenge des Gesetzes an, wenn sie einen Schmuggler erwischten, und es kam vor, dass Insulaner ihr Schmuggelschiff durch Beschlagnahme verloren.

Andere waren weniger streng und drückten angesichts der Zeitverhältnisse auch mal ein Auge zu. So beispielsweise der Zollmann G., der eines Tages von einem Insulaner den Hinweis bekam, dass in der Nacht ein „Butterschiff" von Dänemark kommend, an der Odde anlegen werde. Er wurde ins Vertrauen gezogen und gebeten, dort in der fraglichen Zeit nicht zu observieren. Der Zöllner entsprach dieser Bitte, wandte sich in der folgenden Nacht nach Süden und schrieb in sein Protokollbuch: „Nach Hinweisen aus der Bevölkerung den Wittdüner Strand beobachtet. Keine Vorkommnisse."

Zum Narren gehalten

Ketel Brodersen (1816 - 1902), gebürtig von der Hallig Nordmarsch-Langeness, hatte in jungen Jahren in Nebel eingeheiratet, sich dort ein Haus gekauft und fuhr jahrzehntelang zur See. Als älterer Mann tat er noch als Zöllner Dienst.

Ketel, dem stets der Schalk im Nacken saß, hatte über eifrige Amrumer Strandgänger gehört oder selbst erlebt und sich seine Gedanken gemacht. Als er nun eines Tages am Mühlenberg bei Nebel den Süddorfer Kindern auf dem Weg zur Schule begegnete, blieb er stehen und fragte: „Na - wisst ihr schon das Neueste?" Die Kinder drängten sich neugierig heran und fragten zurück: „Weiß Ketel denn was?" „Ja, es soll ein Schiff gestrandet sein", gab der Zöllner kund und ging dann ruhig weiter.

Die Kinder aber vergaßen die Schule, warfen ihre Bücher ins Gras und rannten, einer den anderen überholend, zurück nach Süddorf, um ihre Eltern zu alarmieren. Halb Süddorf kam auf die Beine und eilte zum Strand, auf Strandgut oder Bergelohn hoffend, doch weit und breit war von einem gestrandeten Schiff nichts zu sehen.

Ein anderes Mal befand sich Ketel Brodersen auf Streife am Strand, als er in der Ferne einen Strandgänger herankommen sah. Der Zöllner legte sich wie tot auf den Strand und ließ den Strandgänger herannahen. Als dieser auf den anscheinend toten Mann stieß, bekam er einen Schreck, betete rasch ein „Vater unser" und eilte zurück, um Strandvogt und Zimmermann zu benachrichtigen.

Kaum war der Strandgänger verschwunden, erhob sich Ketel und wanderte langsam nach Nebel zurück. Es dauerte nicht lange, da kam das Gespann des Strandvogtes mit dem Sarg über den sandigen Weg von Westerheide herangerumpelt, auf dem Kutscherbrett der Strandvogt, auf dem Sarg der Zimmermann und der Strandgänger thronend.

Erstaunen, Entsetzen und Wut der drei Herren war nicht gering, als Ketel Brodersen plötzlich hinter einer Düne erschien und mit einem Gruß und der Frage, ob es am Strand etwas Besonderes gäbe, an ihnen vorüberging.

Einladung zu leeren Töpfen

Viele Insulaner wanderten in den letzten Jahrzehnten des 19. und den ersten Jahrzehnten des 20. Jahrhunderts nach Nordamerika aus - getrieben teils von Abenteuerlust, mehr aber noch aus wirtschaftlichen Gründen, weil die Heimatinsel Amrum kaum Existenzmöglichkeiten bot.

Nanning Tönissen (geb. 1845) aus Norddorf hatte sich in Chicago als Besitzer einer Gastwirtschaft bald ein kleines Vermögen erworben. Alle paar Jahre zog es ihn zu einem Besuch nach Amrum zurück, wo er einige Wochen in seinem Hause weilte.

Wieder einmal war Nanning in der Heimat gewesen und nun stand der Tag der Abreise bevor. Für den letzten Abend lud er ein Dutzend Männer aus dem Dorf zu einem Abschiedsessen ein. Nur sein langjähriger Freund Volkert Flor (1841 - 1915) erhielt keine Einladung - und darüber wunderte man sich sehr.

In der guten Stube war der Tisch festlich gedeckt, mit Kerzen, weißen Leinentüchern und Servietten wie in einem piekfeinen Restaurant. Sogar Tischkarten waren aufgestellt, und die Weinflaschen standen in Krepp gehüllt - für Amrumer etwas ganz Besonderes. Nanning begrüßte die ankommenden Gäste und bat sie freundlich, Platz zu nehmen. Bald war ein reges Gespräch zwischen den geladenen Gästen im Gang, sodass sie nicht merkten, dass der Gastgeber durch Hintertür und Garten verschwand.

Nachdem knapp eine Stunde vergangen war, begannen die Gäste, unruhig zu werden. Wo blieb der Gastgeber und wo der Braten? Man schaute in die Küche und rief durch das Haus - von Nanning keine Spur! In der Küche stand nichts auf dem Feuer und die Weinflaschen waren - wie man jetzt, von einem bösen Verdacht befallen, feststellte - leer. Wutentbrannt gingen die Eingeladenen nach Hause und hatten einmal mehr die Gelegenheit, sich über Nanning Tönissens Streiche zu ärgern.

Nanning aber war zu seinem Freund Volkert Flor gegangen. Dort feierten beide den Abschied allein. Am nächsten Morgen verschwand Nanning mit dem ersten Dampfer von der Insel, unerreichbar für den Zorn jener Männer, die er zu leeren Tellern und Flaschen geladen hatte.

Heimkehr nach vielen Jahren

In den Zeiten der Handelsseefahrt auf Segelschiffen waren die Männer oft Jahre von der Insel fort. So konnten fünf und mehr Jahre vergehen, ehe sich den Seefahrern Gelegenheit bot, nach der Ankunft in Hamburg bis zur nächsten Ausreise ihre Familie auf Amrum zu besuchen. In entsprechenden Abständen wurden dann auch die Kinder geboren. Nicht wenige schon herangewachsene Kinder kannten ihren Vater nur von einer eingerahmten Daguerreotypie, die ein Fotograf in Hamburg angefertigt hatte.

Ähnlich verhielt es sich auch mit den ausgewanderten Männern, wenn sie ihre Familie auf der Insel zurückgelassen hatten. So kam eines Tages nach siebenjähriger Abwesenheit Philipp Petersen (1846 - 1915) aus Amerika zurück. Peter Michaelsen (geb. 1863), ein Fuhrmann aus Norddorf, holte den Heimgekehrten von Steenodde ab. Kurz vor der Einfahrt ins Dorf eilten einige größere und kleinere Kinder dem Fuhrwerk entgegen, und Philipp erkannte seinen Sohn Arjan (1881 - 1958), der bei seiner Abreise sechs Jahre alt gewesen war und nun schon im Konfirmandenalter stand. Beide begrüßten sich herzlich. Dabei achtete Philipp nicht auf zwei siebenjährige Kinder, die auch auf das Fuhrwerk kletterten und in das Haus folgten.

Erst hier wurde Philipp darauf aufmerksam, dass es seine eigenen Kinder waren, die Zwillinge Christoph und Pine (geb. 1886), die ein halbes Jahr nach seiner Abreise geboren wurden. Beide konnten sich zunächst nicht an den Heimgekehrten gewöhnen, und es dauerte lange, bis sie ihn Vater nannten.

Kurgäste statt Kühe

Als die ersten Kurgäste nach Amrum kamen und die Insulaner entdeckten, wie leicht man an diesen müßigen, stets in sonntäglicher Kleidung lustwandelnden Leuten Geld verdienen konnte, begann eine rege Bautätigkeit. Pensionen und Geschäfte entstanden,

„... und sind doch nichts als Gäste.“
Oma Mina Quedens

ungenutzte Dach- und Nebenräume wurden für die Vermietung ausgebaut, und fast alle Insulaner krochen zum Schlafen in die Hühnerställe, um auch noch aus den Betten der eigenen Schlafzimmer Gewinn zu ziehen. Schließlich wurde dann nach und nach auch die Kleinlandwirtschaft aufgegeben und nach entsprechendem Umbau Scheunen und Viehställe in das Vermietungsgeschäft einbezogen.

Ein Hausbesitzer in Norddorf hatte sämtliche Kühe verkauft und war nun eifrig damit beschäftigt, den früheren Stall in Fremdenzimmer auszugestalten. Die kleinen Stallfenster wurden vergrößert, der Zementfußboden mit einer Holzdiele, Dach- und Deckenbalken verkleidet und die Wände - ganz modern - tapeziert. Damals war auf Amrum noch jeder sein eigener Handwerker, mauerte, zimmerte, malte und machte alle sonstigen Arbeiten selbst.

Eines Tages kam ein Kurgast vorbei, blieb stehen und trat dann, neugierig wie Kurgäste nun einmal sind, an das noch offene Fensterloch, um den Hausherren bei der Arbeit zu beobachten. Der Kurgast schaute eine Weile schweigend zu und fragte dann, wozu der Umbau gut sein solle. Darauf der Insulaner: „Im vorigen Sommer haben hier noch zwei Kühe gestanden. Wenn ich nun fertig bin, kann ich hier vier Badeleute unterbringen und verdiene damit zehnmal soviel Geld. Und außerdem muss ich nicht mehr morgens um fünf aufstehen, um zu melken ...“

Später zeigte der Hausherr seiner alten Mutter das vollendete Werk. Aber sie war eine fromme Frau und wiegte skeptisch ihr

Haupt: „Wir bauen hier so feste, und sind doch nichts als Gäste. Dort wo wir sollen ewig sein, dort bauen wir zu wenig ein.“

Sündengeld

In der Zeit von 1865 bis 1893 wirkte auf Amrum der Küster und Lehrer Bandix Bonken (1839 - 1926), genannt Böle (Onkel). Er war gebürtig von der Hallig Gröde und setzte sich zeitlebens für die friesische Sprache ein. Er bemühte sich sehr, seinen Schülern ein umfangreiches Wissen zu vermitteln, und manche späteren Steuermänner und Kapitäne sind in ihren Schülerjahren in Extrastunden auf Geometrie, Astronomie und andere Fächer ihres Berufes vorbereitet worden.

Küster und Lehrer Bandix Bonken

Böle war aber auch sehr streng und neigte dazu, unfolgsame Schüler hart zu züchtigen. Aber vor allem versuchte er mit fanatischem Eifer seine überfromme Auffassung vom Christentum bei Jung und Alt zu verbreiten.

Im Jahre 1880 gründete er den heute noch bestehenden Posaunenchor. Das Geld für den Erwerb der Instrumente stammte aus dem Verkauf von Ausgrabungsfunden aus den Grabhügeln bei Steenodde, die Böle mit Hilfe seiner Schüler gemacht hatte. Zahlreiche noch vorhandene vergilbte Fotos zeigen den Küster und Lehrer inmitten seiner Bläser.

Zu Böles Zeiten wurde jeder Anlass zum Posaunengebläse genutzt. Als im Jahre 1886 auf „Taftam“ am Südrand von Nebel die neue Schule erbaut wurde und die Schüler aus der alten, westlich vom Dorfe liegenden Schule umzogen, übertrugen Posaunensignale die durch einen Nagel in der Fensterbank markierte Mittagszeit mittels einer Bläserkette über den Mühlenberg hin zur neuen Schule. Dort schlug Böle nach Ertönen des Signals auf dem Südfenster einen Nagel und eine Kerbe ein.

Böle Bonken im Kreis seiner „Schützlinge"

Wegen fortschreitender Erblindung wurde er 1893 vorzeitig pensioniert. Der Posaunenchor stellte seine Tätigkeit zunächst ein. Erst nach dem Tode von Böle wurde bekannt, dass er die Instrumente aus Wut vernichtet und als Schrott verkauft hatte. Der Grund seines Zornes: Die Schüler hatten einmal mit den Posaunen zu einem Tanzvergnügen aufgespielt und die Instrumente in seinen Augen damit entweiht. „Habe ich euch denn das Spielen gelehrt, damit ihr dem Teufel dient!?", hatte Böle seinen Schülern erregt vorgehalten.

Zu Böle Bonkens Lebzeiten war die Amrumer Vogelkoje noch in Betrieb und lieferte den Insulanern so manchen Braten. Wie die meisten Einwohner, so hatte auch Böle eine Kojenaktie und aus deren Ertrag schon manche Wildente verzehrt. Da wurde ihm eines Tages bewusst, dass der Kojenmann auch sonntags auf seine Opfer lauerte, und Böle kam zu der Überzeugung, dass der Sonntagsfang gegen das 3. Gebot verstoße und womöglich der ganze Entenmord in der Vogelkoje Sünde sei.

Als er nun eines Tages auf sein Kojenlos wieder eine Auszahlung für Enten erhielt, sprach Böle: „Dieses Geld ist Sündengeld." Er bestellte sich einen Jungen, der ihn bei Hochwasser hinaus ins Watt bei Nebel rudern sollte. Als das Boot weit genug vom Lande entfernt war, warf Böle … blubb … blubb … blubb … das Geld zu Wasser. Der Junge machte große Augen und versuchte noch einige Geldstücke zu erhaschen, was aber nicht gelang.

Im Dorfe sprach sich schnell herum, was Böle sich da wieder für einen Streich geleistet hatte und es dauerte nicht lange, da kursierte ein Spottgedicht:

Böle, Böle Bonken,
Hat sein Geld versonken
In des Meeres tiefsten Gründen,
Wo niemand es kann wieder finden.
Böle ist ein schlechter Christ,
Der keine Piep Tabak wert ist.

Ein rauer Friese

Am Wanderweg am Watt zwischen Nebel und Norddorf ließ der Küster Böle Bonken eine Ruhebank aufstellen. Hinter der Bank errichtete Bonken, der ein religiöser Eiferer war, ein Kreuz mit der Aufschrift auf Amrumer Friesisch (öömrang), die lautete: „Uun Jesus as rau an frees.“ Einmal kommt an dieser Stelle eine auswärtige Schulklasse vorbei. Die Schüler wollten nun von ihrem Lehrer wissen, was diese Inschrift bedeutet. Um keinen Zweifel an seiner Allwissenheit aufkommen zu lassen, ist der Lehrer mit dieser einleuchtenden Antwort zur Hand: „Auch Jesus war ein rauer Friese.“

Die richtige Antwort wäre aber gewesen: „In Jesus ist Ruhe und Frieden.“

Böle Bonkens Ruhebank am Watt

Die verankerte Inselbahn

Es waren noch gemütliche Zeiten, als es keine Autos auf Amrum gab und der Verkehr zwischen den Dörfern, von den ankommenden und zu den abfahrenden Schiffen, ausschließlich von der Inselbahn bewältigt wurde. Durch Dünen, Heide und Dörfer ging die gemächliche Bummelfahrt, und der Inselgast hatte dabei genügend Zeit, die Insel zu betrachten.

Die Inselbahn ist jedoch nie rentabel gewesen. So war es kein

Die Inselbahn auf dem Weg durch die Dünen zum Strand

Wunder, dass in den Bahnbetrieb wenig investiert wurde, dringende Reparaturen unterblieben und der Bahnkörper mit den Schienen zusehends verfiel. Auch mit der Lokomotive ging es nicht immer so, wie es sich die Erbauer gedacht hatten. Beinamen wie „Martin Luther" („Hier stehe ich, ich kann nicht anders") zeugen davon. Damals kamen die meisten Inselgäste noch über See mit den großen Dampfern der „Nordsee-Linie", der späteren HAPAG oder des „Norddeutschen Lloyd". Hatten sie die Seereise glücklich überstanden, so ereilte manchen von ihnen auf dem Lande noch die Seekrankheit durch das Schütteln und Rütteln der Bahn.

Vor allem in den letzten Jahren der Inselbahn waren Entgleisungen an der Tagesordnung, sodass oft der ganze Fahrplan durcheinander geriet. Vorsichtige Kurgäste luden deshalb nur ihr Gepäck in die Bahn, während sie selbst ihren ersten Spaziergang über die Insel machten, um früher zu ihrem Quartier zu gelangen. Oft standen sie dann noch stundenlang am Bahnhof und warteten auf die Bahn. Andere Gäste, die mit den Eigenheiten der Bahn vertraut waren, eilten erst beim Pfiff der Lokomotive zum Bahnhof.

Entgleisungen gehörten zur Tagesordnung

Die Inselbahn blieb auch nicht von den Streichen der Jugend verschont. Mehr als einmal wurden kleine Steine auf die Spur gelegt, und prompt fiel die Bahn aus den Schienen.

Einmal wurde die Inselbahn regelrecht verankert. Die Bahn stand an der Norddorfer Brücke und wartet auf die Passagiere, die mit dem Raddampfer von Hörnum kamen. Ein paar Buben spielten dort und entdeckten dabei eine herrenlos herumliegende Ankerkette. Einer machte den Vorschlag, die Bahn zu verankern. Die Jungen schlichen sich heran, befestigten die Kette im Gestänge des Prellbocks und an der Kupplung des letzten Wagens. Niemand hatte im Gedränge der ankommenden Gäste etwas gesehen, und die Buben gingen nach der vollbrachten Tat auf einer nahen Düne in Deckung, um die weitere Entwicklung zu verfolgen.

Die Reisenden hatten Platz genommen, und Post und Frachtgut waren verstaut. Mit wichtiger Miene gab der Stationsvorsteher das Freifahrtsignal. Die Lokomotive stieß zunächst ihre obligatorische Dampfwolke aus, ruckte an und hätte sich samt Wagen gerne auf und davon gemacht, aber so sehr die Lokomotive auch schnaubte, sie kam nicht voran. Nach einer Beruhigungspause wurde ein neuer Anlauf genommen, der aber ebenfalls nicht zum Erfolg führte. Nun wurde das Zugpersonal unruhig. Man hatte schon manche Situation erlebt, aber hier lauerte etwas Neues. Alle Hebel, Schrauben, Durchlässe und Ventile wurden untersucht, während die Gäste ihre Köpfe aus Fenstern und Türen steckten, um zu sehen, was los sei.

Die Jungen hinter dem Dünenhang waren schon recht kleinlaut geworden, als sie sahen, welche Folgen ihr Streich hatte. Endlich entdeckte man den „Schaden“ und hielt nach den Übeltätern Ausschau. Die flitzten wie Wildkaninchen auf Umwegen hinunter zum Strand. Dort verschwanden sie im Gewimmel der Strandkörbe. Nur das Bimmeln der leise werdenden Glocke verriet, dass die Inselbahn wieder flott war.

Die Bahn ist noch bis zum Jahre 1939 in Betrieb geblieben. Aber in den letzten Jahren häuften sich die Mängel so sehr, dass die Aufsichtsbehörde vom Betreiber eine Grunderneuerung oder Stilllegung verlangte. Heute erinnert nichts mehr an die Inselbahn. Bahnhöfe, Gebäude und Gleisanlagen sind komplett abgebaut. Auch der Lokschuppen und das Bahnhofshotel sind inzwischen Geschichte.

Seehundsbäume

Kapitän Tadsen vom Motorsegler „Hansa“ war genau das, was sich ein Kurgast unter dem Kapitän eines Ausflugsschiffes vorgestellt hat. Er war wortgewandt, witzig und gerne bereit, alle Fra-

Der Motorsegler „Hansa“ von Kapitän Helmut Tadsen

gen der Badegäste zu beantworten. Daher ist es kein Wunder, dass Kapitän Tadsen während der Fahrten zu den Seehundsbänken, den Halligen und übrigen Zielen von wissbegierigen Kurgästen gründlich ausgefragt wurde.

Diesmal waren die Seezeichen an der Reihe. Kapitän Tadsen hatte auch schon Leuchtfeuer, Backbord- und Steuerbordtonnen, Leucht-, Glockentonnen und Heulbojen erklärt, sodass sich die Ausflugsgäste nach dieser Lektion allseitig befriedigt wieder dem Genuss der Wattenmeerfahrt hingaben.

Nur eine Dame mittleren Alters ließ nicht locker. Baken und Hafenfeuer mussten noch erklärt werden und schließlich hieß es: „Nun sagen Sie mir noch, Herr Kapitän, wozu diese Bäumchen dienen“, und dabei zeigte sie auf die Pricken, die an besonders engen Fahrwassern stehen. Kapitän Tadsen überlegte nicht lange, sondern antwortete prompt: „Die sind für die Seehunde.“ „Für die Seehunde??“ „Naja, jeder Hund braucht doch manchmal einen Baum, an dem er sein Bein hebt.“

Kapitän Helmut Tadsen mit Rettungsring

Ein anderes Mal fragte eine Dame auf einer Ausflugsfahrt nach Oland angesichts des einzigen Rettungsrings am Ruderhaus der „Hansa“ besorgt: „Sie haben nur einen Rettungsring an Bord?" „Ja, der ist für mich!" „Und was ist mit den vielen Kurgästen hier auf dem Schiff, wenn mal was passiert?" „Ach, Kurgäste gibt es genug" ,war die Antwort. Die Dame war erst schockiert, beruhigte sich dann aber, als sie von Helmut Tadsen erfuhr, dass selbstverständlich ausreichend Rettungswesten an Bord vorhanden seien.

Die Leihgabe

Als Mittel zum Konservieren und Färben benutzte man auf Amrum noch bis in die 1970er[1]) Jahre Urin, friesisch „weesk" genannt, wobei das „weesk" von Männern bevorzugt wurde. Auf diese Weise wurde zum Beispiel das seinerzeit in großen Mengen gefischte Seemoos vor dem Versand wochenlang in „weesk" gelagert, um es haltbar zu machen. Auch zum Färben selbstgesponnener Wolle wurde es gebraucht.

Da zahlreiche Männer aber monate-, ja jahrelang auf See unterwegs waren, war „weesk" ein zeitweilig knapper und kostbarer Stoff, mit dem sich die Hausfrauen gegenseitig aushalfen. In Süddorf kam eines Tages Christina Ludwigsen (1829 - 1911) mit einem Topf zur Nachbarin Therese Quedens und fragte: „Kannst du mir wohl ein wenig „weesk" leihen? Mein Mann kommt demnächst wieder von See zurück, und dann bekommst du alles wieder. Du weißt ja, Gerrets ‚weesk' ist hier in Süddorf das Beste."

[1]) *Zuletzt noch von der Weberin Gretel Fieler*

Eingeschneit

Früher gab es noch häufige Schneewinter, manchmal mit so viel Schnee, dass die Krähen verhungerten und tot vom Himmel fielen. Die Dörfer lagen dann während der langen Nächte völlig im Dunkeln, denn als Beleuchtung stand den Insulanern nur die Petroleumlampe oder die mit Seehundstran gespeiste „Kwiak", eine Schüssel mit Binsendocht, zur Verfügung. Man ging mit den Hühnern am frühen Abend zu Bett und es galt das Sprichwort:

„Piadersdai, naachtert bi dai“ (Petritag - 21. Februar - Abendbrot bei Tag). Aber am 21. Februar wird es doch noch am späten Nachmittag dunkel, sodass ein frühes Abendbrot und ein frühes Zubettgehen üblich war.

Erst im Jahre 1909 erhielt Nebel elektrischen Strom, als eine Gesellschaft aus Düsseldorf die mit Dampf betriebene Inselbahn auf elektrischen Betrieb umstellte und über die Oberleitung der Bahn auch die Dörfer Nebel und Norddorf mit Strom versorgte. Aber nur die größeren Hotels und Häuser schlossen sich mit matten 25-Watt-Glühbirnen der Stromversorgung an.

Im Osten des Dorfes Nebel, im Waaswai, einer kleinen Seitenstraße hinunter zum Watt, liegt das Museum „Öömrang Hüs“ und nebenan ein kleines Friesenhaus. Das „Öömrang Hüs“ war in der historischen Steuerliste von 1799/1800 immer das Haus Nr. 1 in Nebel, das Haus nebenan (heute Dau) aber mit der Nr. 81 immer das letzte. Hier wohnte um die Mitte des 19. Jahrhunderts das Ehepaar Ketel Brodersen und Matje, geb. Flor. Beide waren 1816 geboren. Ketel stammte von der Hallig Nordmarsch, dem westlichen Teil der heutigen Hallig Langeness, und war Seefahrer. Er sprach aber nicht öömrang, Amrumer Friesisch, sondern wie damals schon die meisten Halligleute Plattdeutsch.

Es war wieder einmal ein strenger Winter und der Schnee wehte zu haushohen Wällen auf. So auch beim Haus Nr. 81, wo die Schneewehe über die Fenster bis hoch zum Reetdach reichte. Das Ehepaar war früh zu Bett gegangen und ließ draußen den Winter wüten. Nach langer Nacht wachte der Ehemann Broder schließlich auf, aber es war noch völlig dunkel. Mit einer Kerze leuchtete er zur Wanduhr und war erstaunt über die Zeit. Sie zeigte 11 Uhr und Broder sagte zu sei-

Eine Schneewehe begräbt das Haus unter sich

ner Frau: „Matje, wat as a naacht dach lung, a klook as man eewenst elwen." (Matje, was ist die Nacht doch lang, es ist eben erst elf). Beide drehten sich in ihren Wandbetten um und beschlossen, weiterzuschlafen. Es war aber nicht elf Uhr abends, sondern 11 Uhr vormittags. Im Haus war es jedoch völlig dunkel, weil die Fenster alle zugeschneit waren.

Sonntags-Zuschlag

Eines Sonntags saßen Simon Lorenzen (1878 - 1947) und der in Norddorf praktizierende Arzt Dr. Noltenius beim Gottesdienst zusammen in der Kirche. Da entdeckte der Arzt an Simons Auge ein „Gerstenkorn" und gab, während die Gemeinde betete und sang, leise flüsternd Ratschläge, wie das Übel zu behandeln sei. Simon befolgte den ärztlichen Rat, war aber nicht wenig erstaunt, als er bald darauf eine Rechnung über zehn Mark erhielt, die die „Behandlung in der Kirche" und außerdem einen „Sonntagszuschlag" enthielt. Simon aber schwieg und zahlte.

Einige Zeit später waren Simon und Dr. Noltenius wieder in der Kirche in Nebel. Nach Beendigung des Gottesdienstes regnete es in Strömen und Dr. Noltenius bat Simon, ihn in seinem Pferdefuhrwerk mit nach Hause zu nehmen. Gefragt, getan.

In Norddorf angekommen, wollte sich der Doktor für die Mitnahme bedanken, aber Simon forderte 20 Mark. „Zwanzig Mark!?" Dr. Noltenius glaubte sich verhört zu haben. Doch Simon bestand ungerührt auf seiner Forderung: „Zehn Mark für eine übliche Fahrt und zehn Mark Sonntagszuschlag!" Doktor Noltenius schwieg und zahlte.

Ein Schatz im doppelten Boden

Im „Uasteraanj", dem Ostende von Norddorf, liegt ein langgestrecktes Friesenhaus, dem in den 1920er Jahren ein modernes Ladengebäude, später als Kaufhaus Hölck bekannt, angebaut wurde.

Hier wohnte um 1800, als der insulare Landbesitz zwecks Aufhebung der Feldgemeinschaft erstmalig von der Landesverwaltung aufgenommen wurde und genaue Lagepläne der Inseldörfer aufgezeichnet wurden, der Landmann und Müller Feder Girris. Das Haus erhielt in der nachfolgenden Steuer- und Brandkassenfestsetzung die Nr. 3. Zum Haus gehörte eine Bockmühle oben auf der Anhöhe an der Straße nach Nebel (Hoofstich). Später, im Laufe des 19. Jahrhunderts, wohnte hier der Kapitän Boy Diedrichsen mit seiner Familie. Seine Tochter Mathilde heiratete 1873 Nanning Petersen und nun wohnten in den Jahren vor und nach 1900 das Ehepaar Petersen mit der Tochter Klara im Haus Nr. 3.

Nanning wanderte 1876 nach Amerika aus, und für die allein gelassene Mathilde und ihre Tochter Klara folgten schwierige Jahre. Sie mussten sich mit Kleinlandwirtschaft und Tagelohn mühsam ernähren, weil aus Amerika kein Geld gesandt wurde. Ja, Nanning ließ nichts von sich hören und nur auf Umwegen erhielten Frau und Kind die Kunde, dass er angeblich in Chicago gute Geschäfte machte.

Erst nach fast 30jähriger Abwesenheit, etwa um 1904, kehrte Nanning zu seiner Familie zurück. Insulaner beobachteten, wie Nanning Petersen vom WDR-Dampfer in Wittdün an Land stieg, nobel gekleidet und einen Spazierstock mit Goldknauf schwingend, die lange Holzbrücke hochspazierte und mit der Inselbahn nach Norddorf fuhr. Hier tat er so, als ob er gerade mal für ein, zwei Tage in Hamburg gewesen war. Seine Frau Mathilde verzieh ihrem Mann, der sich wieder in den normalen Alltag der Hausgemeinschaft eingliederte. Zu der inzwischen erwachsenen Tochter Klara und dem aus Segeberg eingewanderten Schwiegersohn, dem Konditor Ernst Schult, fand er aber kein richtiges Verhältnis mehr.

Nanning hantierte zu Hause als Tagelöhner, machte dies und machte das. In den Marschwiesen schnitt er Reet für die Reparatur des Reetdaches, stand dort aber in Holzpantoffeln, weil ihm offenbar das Geld für ordentliche Stiefel fehlte. Folge: Er holte sich nasse Füße, bekam eine Lungenentzündung, legte sich in das Wandbett und starb am 6. März des Jahres 1905, kaum ein Jahr nach seiner Rückkehr aus Amerika. Nur Wochen später, am 1. April, starb auch seine Frau Mathilde.

Das Haus wurde an den Kaufmann Johannes Schmidt aus Nebel verkauft. Aber vor der endgültigen Übergabe ging die Tochter Klara noch einmal durch die Stuben, um das eine oder andere Familienstück zu entnehmen. In einer Truhe wurde sie auf einen hohen, offenbar doppelten Boden aufmerksam. Als sie diesen öffnete, lagen darunter in einem roten Tuch sage und schreibe 35000 Goldmark (oder Dollar??) - in damaliger Zeit ein unglaubliches Vermögen. Der Vater hatte das Geld aus Amerika mitgebracht, aber seiner Familie verschwiegen und selber als ärmlicher Tagelöhner gelebt, der sich nicht einmal ein paar Stiefel leisten konnte!

Das Geld kam nun der Tochter Klara und ihrem Mann Ernst Schult zugute. Es konnte ein neues Backhaus und ein neuer Back-

Die Bäckerei Schmidt / Schult Mit Café-Garten

ofen errichtet werden. Das Haus wurde für die wachsende Familie ausgebaut und für die Nebenerwerbs-Landwirtschaft etliche Ländereien in der Norddorfer Feldmark und Marsch gekauft. Danach blieb noch so viel Geld übrig, dass man dem Nachbarn und Freund Heinrich Hüttmann 18000 Mark für den Bau einer großen Dependance mit Gästezimmern im Jahre 1911 leihen konnte.

So hatte Nannings Amerikafahrt auf seltsame Weise für die Nachkommen noch Segen gebracht, während er selbst auf seinen Reichtum verzichtet hatte und als Tagelöhner starb. Der Backofen ist dann noch 57 Jahre in Betrieb gewesen. Klara und Ernst sind die Stammeltern der auf Amrum und in Amerika verzweigten Familie Schult. Sie hatten sieben Kinder. Klara starb 1923, kaum 50 Jahre alt, aber Ernst lebte noch bis 1960 und gehörte zu den ältesten Einwohnern der Insel. Wenn Pastor Pörksen zu Besuch kam, dann wurde er mit einem fröhlichen: „Wat will de Paster denn hier. Mien Nummer is noch nich opropen, de geit bit hunnert!" empfangen.

Die Geschichte hat es so gefügt, dass auch das Elternhaus wieder in die Familie zurückkehrte. Der Kaufmann Johannes Schmidt konnte nach einem Konkurs das Haus nicht halten, sodass es 1934 mit Hilfe des Vaters vom Ehepaar Mathilde und Wilhelm Hölck zurückgekauft werden konnte. „Tille" ist eine Tochter von Ernst Schult.

Genaue Kalkulation im „Lustigen Seehund"

Auf Steenodde an der Zufahrt zur Mole steht das älteste Haus von Steenodde, erbaut um 1730 von einem Monsigneur Johannes Maximilian Winckler als Verwaltungsgebäude der Austernfischer-Station und als Zollhaus. Es ist das Stammhaus der Familie Quedens, die hier im Jahre 1734, von Föhr kommend, einzog. Später, um 1885, wurde es die Wiege des Fremdenverkehrs auf Amrum, als der hier wohnende Architekt und Kunstmaler Ludolf Schulze die Insel für die Anlage eines Seebades entdeckte und einen entsprechenden Antrag bei der Gemeindevertretung einreichte.

Das zunächst einzige Haus auf Steenodde wurde um 1900 als Gaststätte eingerichtet und erhielt den Namen „Lustiger Seehund".

Nach mehrfachem Besitzerwechsel kam das Haus in den Besitz von Alwin Ricklefs (1893 - 1973), der Schiffer und Gastwirt war, letzteres Gewerbe aber eher passiv betrieb, wie Erlebnisse von

Der „Lustige Seehund" auf Steenodde

Gästen beweisen. Über einen solchen originellen Vorfall berichtete der Kapitän August Jakobs wie folgt:

„Wir kehrten mit einer kleinen Gesellschaft spät abends in den ‚Lustigen Seehund' ein und hätten gerne noch etwas gegessen. Es war nur noch Würstchen mit Brot da, und wir bestellten sieben Portionen. Sieben Würstchen? Der Wirt Alwin Ricklefs dachte einen Augenblick nach und sagte dann, dass in einer Dose 24 Würstchen seien und somit 17 übrig blieben, die wohl verschimmeln würden. Da unsere Gesellschaft aber keinen Appetit auf 24 Würstchen hatte, wurden Spiegeleier bestellt. Aber wieder gab es bei der Anzahl sieben Schwierigkeiten, denn die Pfanne fasste nur sechs Eier. Das siebente Ei hätte dann extra gebraten werden müssen. Nach einigem Hin und Her wurde schließlich ein Kompromiss gefunden. Wir bestellten zwölf Spiegeleier und der Wirt hatte nun zwei Pfannen voll."

Mit einem solchen Wirt war der „Lustige Seehund" natürlich keine renommierte Gaststätte und wurde auch bald geschlossen. Alwin und seine Frau Anni verdienten ihr Geld anderweitig und wenig später verschwand auch die große Tafel mit dem Pfeife rauchenden Seehund am Giebel des historischen Hauses.

August Jakobs (1920 - 2015), geboren auf der Hallig Langeness, machte sich einen Namen als Begründer der Schifffahrtslinie

ASAG zu den Halligen und nach Amrum. Er steckte voller Schnurren und Döntjes, die er auf Geselligkeiten gerne vortrug und schrieb ein Buch mit dem Titel „Der Betonseehund“.

Der Wirt Alwin Ricklefs mit dem Modell des Tonnenlegers „Anna“

Schrotflinte und Autoräder - im Heu versteckt

Amrum im letzten Kriegsjahr 1945. Die Flüchtlingsströme aus dem Osten und die fast unbehelligten alliierten Bomberflotten beim Einflug zum Bombardieren deutscher Großstädte - tagsüber die Amerikaner, nachts die Briten - lassen erkennen, dass der Krieg verloren ist. Und darauf müssen sich auch die zahlreichen Nazis einrichten, die es - wie überall - auch auf Amrum gab. Die Zeit des „tausendjährigen Reiches“ hatte auch das Leben auf der abgeschiedenen Nordseeinsel verändert, z. B. hinsichtlich der Jagd.

In dänischer Zeit, seit König Waldemar um 1230, war die Jagd auf Wildkaninchen sozusagen für jedermann frei gewesen, und die hier ausgesetzten, von Spanien geholten Cuniculus, wurden mit Rücksicht auf Schäden in der Landwirtschaft eifrig bejagt. Wo auf Amrum ein Mann im Hause war, da gab es auch eine Flinte! Aber die Nazis hatten ein Herz für Tiere und sorgten in den Jahren 1934/35 für heute noch vorbildliche Gesetze zum Schutz der Natur und des Wildes. Auch die Wildkaninchen wurden in das Jagdgesetz einbezogen und aus der jahrhundertelangen „Schädlingsbekämpfung“ wurde „Wilderei“.

Hinzu kam die Abwesenheit fast aller Inselmänner als Soldaten bei der Wehrmacht, und die von der Jagd weitgehend verschonten

Wildkaninchen vermehrten sich buchstäblich! Sie hausten vor allem in den bronzezeitlichen Grabhügeln auf der Amrumer Feldmark. Die Gemeinden wussten sich nicht anders zu helfen, als diese Hügel mit zwei Meter hohen und tief in den Boden eingegrabenen Maschendraht zu schützen. Nach Kriegsende verstärkte sich das Kaninchenproblem. Die britische Militärregierung, verunsichert gemacht durch die Nazipropaganda über Untergrundkämpfer, sogenannte „Werwölfe", beschlagnahmte alle Waffen, und dazu gehörten auch die vielen Schrotflinten auf Amrum. Angeblich sollen sie beim Rücktransport auf das Festland in der tiefen Norderaue versenkt worden sein. Zwar wurde nun in den letzten Kriegsmonaten und der ersten Nachkriegszeit aus Nahrungsnot (Amrum zählte 1640 Ostflüchtlinge gegenüber 1240 Einheimischen) den Kaninchen mit Fallen und durch Aufgraben ihrer Höhlen eifrig nachgestellt, aber es nutzte nichts - die Militärregierung musste Amrum wieder bewaffnen. Sie schickte eine Anzahl Schrotflinten nach Amrum und lieferte je Flinte zwanzig Patronen. Das geschah 1946.

„Hanje" Quedens mit Flinte und Jagdbeute

Ein Amrumer bedurfte aber einer solchen „fremden" Flinte nicht - Johannes (Hanje) Quedens (1908 - 1991) aus Norddorf. Er hatte seinen Schrotstreuer nicht abgeliefert, sondern auf dem Heuboden seines Schwiegervaters, des Landwirtes Georg Köster, versteckt. Nun ging es aber darum, mit zwanzig Patronen auch die entsprechende Menge Wildkaninchen zu erlegen. Während die anderen Jäger sich an die fremden Flinten gewöhnen mussten und mit ihren zwanzig Patronen nur zehn, zwölf Kaninchen zur Strecke brachten, konnte Hanje deren zwanzig erlegen. Er hatte allerdings auch einen guten „Jagdhund", seinen zwölfjährigen Sohn, zur Seite, der im Dünenhalm hin und her rannte, um die Kaninchen aufzuscheuchen und vor die Flinte zu treiben.

Dann geschah allerdings die Katastrophe! Der vorletzte Schuss ging daneben und es drohte eine Blamage. Aber dann gelang mit der letzten Patrone eine Dublette, zwei nebeneinander sitzende Kaninchen vor einer Höhle auf der Amrumer Nordspitze.

Es ist nicht bekannt, ob die „Wiederbewaffnung" Amrumer Jäger später noch wiederholt werden musste. Am 7. September 1949 wurde die Bundesrepublik Deutschland gegründet und die Jagdhoheit von den Briten zurückgegeben. Die alten Jagdpächter Martin Breckwoldt (Wittdün), Alwin Ricklefs (Nebel) und Friedrich Wilhelm „Fiiwe Wimme" Peters (Norddorf) wurden wieder in ihre Rechte eingesetzt und die Kaninchenjagd mit Erlaubnisscheinen umfangreich betrieben.

Die versteckte Schrotflinte auf dem Heuboden des Schwiegervaters war nicht der einzige Streich, den „Hanje" Quedens der Obrigkeit spielte. Schon Jahre vorher hatten die Heuhaufen dazu gedient, ein Auto dem Zugriff der Wehrmacht zu entziehen.

Hanje hatte von seiner Mutter das Fotogeschäft übernommen und im Jahre 1936 eine Autovermietung eingerichtet. Aber hier erhielt er bald Konkurrenz durch den aus Flensburg gebürtigen Peter Carlsen, der Camilla, eine Tochter des Kapitäns Jan Knudten, geheiratet hatte und sich in Norddorf mit den verschiedensten Geschäften niedergelassen hatte.

Peter stellte einen flotten „Admiral" in die Garage, aber dann kam der Krieg und er starb im Juli 1943 an einer Herzerkrankung, noch keine vierzig Jahre alt. So musste er nicht mehr erleben, dass sein nobles Auto für den von der Nazi-Propaganda versprochenen „Endsieg" beschlagnahmt und abtransportiert wurde.

Der Opel P 6, hier mit allen Rädern

Aber auch der Opel P 6 von „Hanje" Quedens sollte für den vorgenannten Zweck Verwendung finden und eine uniformierte Abordnung erschien, um das Auto abzuholen. Aber was war das? Der Wagen stand aufgebockt in der Garage, aber ohne Räder!

Offenbar hatte der Besitzer, der sich als Soldat in Russland befand, von der bevorstehenden, im ganzen Reich praktizierten Beschlagnahme gewusst und einen Fronturlaub genutzt, um die Räder abzubauen und auf dem Heuboden seines Schwiegervaters Georg Köster zu verstecken. Der Opel konnte nicht abtransportiert und der Besitzer nicht herbeizitiert werden. Er war weit entfernt in Staraja Russa am Ilmensee Richtung Leningrad.

Der Fuhrpark nach dem Zweiten Weltkrieg ...

Der Opel überdauerte dann den Krieg, ebenso sein Besitzer. So konnten bald nach Kriegsende die Räder wieder anmontiert und der Opel wieder fahrbereit gemacht werden. Es war dann ein großartiger Augenblick, als das Auto ungeachtet der fünfjährigen Ruhepause sofort wieder ansprang - nicht, wie heute üblich mit Anlasser, sondern mit einer Kurbel. Drei, vier Drehungen, und der Motor begann zu brummen. Deutsche Wertarbeit!

Aber der Krieg war verloren - kein Wunder bei solchen Volksgenossen, die auf infame Weise den „Endsieg" durch Entfernen der Autoräder verhindert hatten. „Hanje" Quedens hatte dabei vielleicht noch Glück gehabt, dass kein übereifriger Nazi, von denen es auf Amrum etliche gab, eine Anzeige wegen Wehrkraftzersetzung gemacht hatte, denn die Justiz war damals mit Todesurteilen rigoros.

Auf Amrum gab es vor und nach dem Krieg nur wenige Autos, aber für Kranken- und Versorgungsfahrten waren doch einige nötig. Deshalb erhielt auch Auto-Quedens von der britischen Militärregierung eine beschränkte Zuteilung von Benzin.

Im strengen Eiswinter 1947, als die Insel von Anfang Januar bis zum 8. März völlig eingefroren war, musste Hanje Quedens eine Eisstraße von der Odde über das Watt bis Utersum auf Föhr erkunden und einer Kolonne von Lastwagen mit Versorgungsgütern vorausfahren. Wenig später bewältigte der Opel auch noch einen Krankentransport von der Klinik Satteldüne über das Eis nach Utersum, über Föhr bis zum Midlumer Deich und von dort über das Eis nach Südwesthörn auf dem Festland nördlich von Dagebüll. Es wurde eine abenteuerliche Fahrt, weil ein Schneesturm kaum eine Orientierung ermöglichte. Zum Glück hatte sein Begleiter Albert Pütter einen Kompass zur Hand.

... wurde durch rote VW-Busse ersetzt

Bis 1957 war der Opel noch in Betrieb, eine weichfedernde „Staatskarosse" neben den roten VW-Bussen des gewachsenen Betriebes, die hier im Volksmund „Hanje-Bus" genannte wurden.

Lokalpatrioten

Der Vorfahre der in Norddorf lebenden Familie Schult, Ernst Carl Friedrich Schult (1862 - 1960), kam aus Segeberg als Konditor in eines der Hotels im neugegründeten Seebad Wittdün. Er heiratete 1894 die Norddorferin Klara Petersen (1874 - 1923) und übernahm wenig später die von Emil Schmidt errichtete Bäckerei, die noch heute in der nunmehr fünften Generation im Familienbesitz ist. Sie macht sich vor allem mit dem Café einen überregionalen Namen (s. „Ein Schatz im doppelten Boden").

Merkmal der Familie ist der ausgeprägte, auf das Heimatdorf Norddorf bezogene Lokalpatriotismus einiger Mitglieder. So gibt es zum Beispiel beim Bauern Nanning Schult keine Amrumer, sondern Norddorfer Kartoffeln, ungeachtet der Tatsache, dass diese auf einem Feld wachsen, das zur Gemeinde Nebel gehört. Bezeichnend für die Heimattreue ist aber auch ein Vorfall aus dem Tierbestand des Großvaters Heinrich Schult, genannt Hein Bäcker, verheiratet mit der aus Nebel stammenden Hertha, geb. Schmidt.

Als dieser eines Tages für einige Tage auf das Festland verreisen musste, brachte er seine Pferde zur dortigen Verwandtschaft. Auf dem Rückweg hatte er noch Verschiedenes zu erledigen, aber als er dann abends nach Norddorf zurückkehrte, standen die Pferde wieder zu Hause im Stall. Sie hatten sich unverzüglich wieder auf den Weg in die Heimat gemacht. Hein Bäcker konnte nur noch verblüfft und fassungslos zu Hertha sagen: „Nü luke dach ans! Ei ans a hingster mei uun Neebel wees!“ („Nun guck doch mal! Nicht mal die Pferde mögen in Nebel sein!“)

Hein Bäcker (1897 - 1976) war übrigens zeitlebens Landwirt. Der „Bäcker“-Name war ihm wegen seines Vaters, des oben genannten Stammvaters Ernst, angehängt worden.

Mensch Detlef, dor seggst du ok wat!

Hans Behder (1883 - 1967) war ein gutmütiger, höchst ehrenwerter Ehemann seiner Frau Juliane (Jule), geb. Peters (1887 - 1981) in Norddorf. Gebürtig war er aus Wohlde und sprach auch auf Amrum zeitlebens Plattdeutsch. Bevor er nach Amrum kam, war er Gefängniswärter, wegen seiner Gutmütigkeit aber nicht recht am Platz gewesen. In Norddorf war er Helfer des Schiffers Detlef Boyens (1908 - 2001), nebenbei aber auch Diener im Gemeindehaus, läutete die Kirchenglocke, trug die Kirchenzeitung und den Insel-Boten aus. Allerdings war Hans, wie es bei gutmütigen Menschen ja vorkommen kann, im Handeln und Begreifen etwas schwerfällig.

Eines Tages baute er im Hof einen Hühnerstall, der, wie auf Amrum üblich, aus Strandholz errichtet wurde. Weil noch einige Bretter fehlten, fuhr er mit dem Schiffer Detlef Boyens und einigen anderen Norddorfern und einer Gruppe Badegäste mit dem Ausflugsschiff „Graf Luckner“ nach Hörnum auf Sylt, wo am Strand reichlich Holz angetrieben war. Er hatte einen Zollstock dabei, um an Ort und Stelle gleich die richtige Länge der Bretter abzumessen.

Jule und Hans Behder

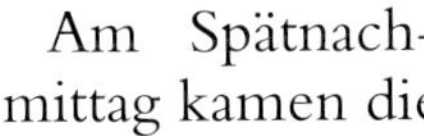

Am Spätnachmittag kamen die Badegäste, unter ihnen einige Diakonissen, von ihrem Ausflug nach Westerland zurück, froh, wieder nach Amrum zu dürfen. Auch die Norddorfer erschienen, mit Strandholz beladen, wieder an Bord. Nur Hans kam ohne Beute zurück. Detlef wunderte sich und fragte angesichts der Bretter, die die anderen Norddorfer gefunden hatten: „Wat nu, Hans, hest du keen Holt funden?“ „Holt genug“, antwortete Hans, „oober de Bretter weeren entweder to kort oder to lang.“

Der Schiffer wurde ganz „füünsch“ und konnte Hans nicht verstehen. „Mensch, Hans, dann harst du doch de langen Bretter mitnehmen und'n Stück afsoogen kunnt!“ „Jo, Detlef, dor seggst du ok wat.“

Hans war öfter mit Detlef, dem Neffen seiner Frau, als Helfer an Bord der „Graf Luckner“. Wenn er von den stets neugierigen Badegästen nach seiner beruflichen Tätigkeit gefragt wurde, jagte er den mit weißen Hauben bekleideten Diakonissen der Westfälischen Diakonissenanstalt Sarepta nicht selten einen gehörigen Schreck ein, weil er dann zu antworten pflegte: „As ik noch in't Tuchthus weer“, und erst anschließend folgte dann die Erklärung: „Ik meen, dat heet, as Wärter!“

Einmal war auf seltsame Weise die Bratpfanne aus der Kombüse der „Graf Luckner“ verschwunden und es entspann sich folgendes Gespräch zwischen dem Schiffer Detlef Boyens und Hans Behder.

„Hans, hest du mien Pann sehn. Wo is de henkoomen?“ „Dat weet ik nich, ik heff se uk aal söcht!“ „Du hest se doch nich över Bord smeeten?“ „Nee, över Bord smeeten heff ik se nich. Dat weet ik genau!“ „Oober se mut jo irgendwo sien.“ „Jo, ik weet, se mut irgendwo sien, oober över Bord smeeten heff ik se nich, dat weet ik genau.“

Einige Wochen später war die Pfanne immer noch nicht wieder aufgetaucht, und die „Graf Luckner“ lag zum Bunkern (Brennstoff übernehmen) in Wyk. Ein Fischkutter lief in den Hafen ein und machte längsseits der „Graf Luckner“ fest. Der Fischer sah Hans Behder an Deck stehen und sagte: „Du Hans, ik heff ok jümmers noch dien Pann!“ „Nu weet ik!“, rief Hans, denn jetzt fiel ihm ein, dass er die Pfanne vor Wochen verliehen hatte.

„Alle aus Eiern“

Amrum war immer - mit wechselnden Zahlen - die Insel der Seevögel, und diese spielten für die Ernährung der Inselbevölkerung zeitweilig eine große Rolle. Tausende Eier von Möwen, Seeschwalben, Brandgänsen und Eiderenten wurden früher gesammelt, als der Naturschutz noch keine Rolle spielte. Aber ausgerechnet die Nazis, die mit dem Leben von Menschen überaus robust umgingen, erließen für den Naturschutz und die Wildhege in den Jahren 1934/35 vorbildliche, noch heute gültige Gesetze und richteten Naturschutzgebiete ein. Dazu gehörte, auf Anregung des Kurgastes Dr. Kirchner aus Oldesloe, auch die Amrumer Odde. Die Gemeinde Norddorf mit dem Bürgermeister Martin Paulsen ließ im Zeitgeist des Naturschutzes auf der Odde für die Vogelwärter ein kleines Häuschen errichten.

Gerret Peters …

In den ersten Jahren lag die Betreuung der „Vogelfreistätte“ in Händen der Gemeinde Norddorf und zu den ersten Wärtern gehörte der Seemann, Fischer und Seehundsjäger Gerret Peters (1864 - 1944). Gerret war eine urtümliche Friesengestalt und gehörte um die Jahrhundertwende zu den meistfotografierten Postkartenmotiven.

Gerret hatte keine Biologie studiert und konnte mit der Natur doch sehr viel besser umgehen als manche Diplom-Biologen. Weil damals auf der Odde tausende Küsten- und Flussseeschwalben brüteten, ging es darum, zu deren Schutz die Möwen fernzuhalten. Und Gerret wusste, wie dies zu bewerkstelligen sei. Wenn im Frühjahr die Sturm- und Silbermöwen ihre Brutplätze besetzen wollten, donnerte Gerret mit seiner Schrotflinte ungezielt dazwischen und die Möwen stoben davon, um in den oberen Amrumer Dünen Brutplätze zu finden. Wochen später kehrten dann die Seeschwalben aus dem Winterquartier zurück und konnten ungestört die Odde besiedeln.

... als Vogelwart auf der Odde

Als eines Tages eine Führung mit Inselgästen unterwegs war, und die Seeschwalben zu Tausenden über ihren Brutplätzen die Luft bevölkerten und den Himmel verfinsterten, fragte eine Dame fassungslos: „Wo kommen denn nur all diese Vögel her?“ Gerret Peters antwortete wahrheitsgemäß: „Aus Eiern, alle aus Eiern!“

Ein letzter Waidmannsgruß

Als Hein von Ehren (1893 - 1976) gestorben war, erhielt der Tischler und Bestatter Martin Gerrets (1927 - 2007) den Auftrag zur Einsargung. Nun war letzterer auch Jagdpächter der Gemeinde Nebel und hatte sich das eine oder andere Mal geärgert, weil Hein zu Lebzeiten seine Jagdleidenschaft zu weit getrieben und nicht nur, wie auf Amrum erlaubt, Wildkaninchen, sondern auch manchen Fasan und Hasen heimlich zur Strecke gebracht hatte, was aber nie richtig zu beweisen war.

Nun war Martin (Tin) also für die Beerdigung zuständig und meinte, der Tote hätte eine Strafe verdient. Er steckte dem Verstorbenen zwei leere Patronenhülsen hinter die Ohren. Danach wurde der Sarg geschlossen. Es kam aber noch eine verspätete Verwandtschaft angereist und wollte den Toten unbedingt noch einmal sehen.

Martin (Tin) Gerrets, Jäger und Bestatter

Was nun? Was würde das für einen Schock und eine Aufregung geben, wenn die Angehörigen die Patronenhülsen hinter den Ohren ihres Entschlafenen entdeckten? Aber dem Wunsch der Verwandten musste nun Folge geleistet werden und da hatte „Tin", kurz bevor sich der Sargdeckel hob, einen rettenden Einfall. Als nun der Tote mit den „Patronenohren" zum Vorschein kam und die Verwandten sich gegenseitig verwundert anschauten, flüsterte Martin Gerrets, dass die leeren Patronenhülsen über den üblichen Waidmannsgruß hinaus ein Zeichen besonderer Verehrung und Verbundenheit mit den Waidkameraden sei. Die Verwandtschaft weinte vor Dankbarkeit und Rührung!

Amrumer auf St. Pauli

Nickels Schmidt (1893 - 1978) und Anton Dethlefsen (1899 - 1979) aus Nebel hatten in Hamburg zu tun und versäumten bei dieser Gelegenheit nicht, auch das berühmt-berüchtigte St. Pauli zu besuchen. Es dauerte auch nicht lange, da winkte eine „Dame" den beiden Insulanern zu, und Nicke sagte zu Anton „Gung dü ans auer, dü beest beeder tu fut.“ (Geh du mal rüber, du bist besser zu Fuß.) Anton machte sich auf den Weg, sprach eine Weile mit dem Mädchen und kam dann wieder zurück. „Nö, wat hää jü saad!?“ (Na, was hat sie gesagt?) Nickels platzte fast vor Neugierde. „Och, jü hää bluat fraaget, of ik mä hör tu baad wul,“ (Sie hat gefragt, ob ich mit ihr schlafen wollte) antwortete Anton. „An wat heest dü saad?“ (Und was hast du gesagt?) „Ik haa saad, dat wi jüst iarst uunkimen an noch ei träät san.“ (Ich habe gesagt, dass wir hier gerade erst angekommen und noch gar nicht müde sind.)

Stadt der Stromverschwendung

„Prr - prr!“, pflegte Karl Bernhard Schmidt (1903 - 1999), kurz Kai Smas genannt, zu sagen, wenn ihm etwas bedenklich erschien. Eines Tages war er mit seiner Frau Josephine (Jose), geb. Jessen, in Hamburg, konnte aber keine Nachtruhe finden. Immer wieder stand er auf, schaute aus dem Hotelfenster und sagte zu Jose, die von seiner Unruhe angesteckt war: „Hir uun Hamborag mut jo ei rocht wis wees. Nü as a klook al sjauer, an a struatenlampen san leewen noch ei ütj.“ (Hier in Hamburg müssen sie nicht ganz zurechnungsfähig sein. Es ist schon vier Uhr morgens und die Straßenlampen sind immer noch nicht aus.)

Kai und Jose hatte ein bestimmtes Ziel. Die Goldene Hochzeit stand bevor und zu diesem Zweck benötigte Jose ein neues Kleid. Eines, das besonders gut gefiel, erwies sich bei der Anprobe als zu kurz. „Wat maaget det dach!?“, fragte Kai. „Dü satst dach üüb’t suufa an heest din bian oner boosel, an diar koon di näämen sä!“ (Was macht das denn!? Du sitzt doch auf dem Sofa und hast die Beine unter dem Tisch, und da kann niemand etwas sehen.)

Josephine (Jose) und Karl Bernhard Schmidt (Kai Smas)

Quellenangaben

Johansen, Christian; Nordfriesische Sprache,
Kiel, 1862, Akademische Buchhandlung

Peters, L.C.; Ferreng-ömreng Lesbuck,
Husum, 1925, Kommissionsverlag C. F. Delff

Arfsten, Reinhard; Mamenspriik,
Föhr, 1957, Nordfriesischer Verein

Quedens, Georg; Amrum erzählt,
Münsterdorf, 1966, Verlag Hansen & Hansen

Quedens, Georg; Amrumer Geschichten,
Hamburg, 1979, Helmut Buske Verlag

Noe-Nygaard, Helge; Sydslesvigske Sagn
Kopenhagen, 1956

Matzen, Richard geb. 1884; Handschriftliche Aufzeichnungen
Hamburg, 1920 - 1965

Quedens, Georg; Eigene Sammlung

Der Nöck und die Dünen: Ursprünglich stammt diese Sage aus Husby, Westjütland

Onerbäänkin: In ähnliche Version wird von Philippsen die Überfahrt von Föhr nach Amrum erzählt

Antje Sammen: Diese Sage ist stark gekürzt wiedergegeben nach der Erzählung: „Aaremmud an Dögenhaid bi arkööder" von Christian Johansen, Schleswig 1855. In der Sage von Lille-Peer, dem Eierkönig des Listlandes auf Sylt, findet dieser seinen einst geraubten Sohn auf ähnliche Art wieder.

Mündliche Quellen:
Detlef Boyens, Norddorf;
Friedrich Friedrichs (Fide Post), Nebel;
Mathilde Hölck, geb. Schult, Norddorf;
August Jakobs, Steenodde;
Johannes Jannen, Nebel;
Antonius Paulsen, Nebel;
Martin Peters (Macke), Norddorf;
Johannes Quedens, Nebel;
Karl-Heinrich Schult, Norddorf